W0053170

Wo ließe es sich angenehmer über das älteste Thema der Welt reden – und streiten – als im Schatten eines Feigenbaumes während eines schönen Sommermonats? Françoise Giroud und Bernard-Henri Lévy unterhalten sich in dieser Umgebung über das Verhältnis von Frau und Mann und darüber, was daraus geworden ist. Dabei geht es natürlich vor allem um die Liebe und all die Rätsel, die sie den Liebenden immer wieder aufgibt. In unterhaltsamen, manchmal polemischen, immer wieder spannenden und geistreichen Gesprächen versuchen die Autoren sich den verschiedenen Gesichtern der Liebe zu nähern: der Sehnsucht, der Verführung, der Freiheit, der Eifersucht, der Treue, der Ehe, dem Verschwinden der Liebe. Sie gehen den oft tiefen Gegensätzen zwischen Mann und Frau nach, sehen manche bestätigt, andere überwunden oder stellen Veränderungen im Umgang der Geschlechter miteinander fest. Das Gespräch zwischen Giroud und Lévy ist lebhaft und anregend, auch weil die beiden teilweise sehr unterschiedliche Ansichten vertreten.

Dieses ebenso amüsante wie spannende Buch, das sich auf geistreiche Weise mit den »Abgründen« zwischen den Geschlechtern befaßt, wurde in Frankreich zu einem Überraschungserfolg.

Françoise Giroud, Journalistin und eine der bekanntesten Schriftstellerinnen Frankreichs, ist vor allem mit Sachbüchern und Biographien (Alma Mahler; Jenny Marx) hervorgetreten. Im Fischer Taschenbuch Verlag erschien ihre Autobiographie ›Lehrreiche Lektionen‹ (Band 13193).
Bernard-Henri Lévy gilt in Frankreich als einer der Hauptvertreter der Nouveaux Philosophes. Er verfaßte in den 70er Jahren stark politisch ausgerichtete Schriften, schrieb aber auch kunstkritische Bücher.

Françoise Giroud
Bernard-Henri Lévy

Die Männer und die Frauen

Aus dem Französischen
von Annette Lallemand

Fischer Taschenbuch Verlag

Die Frau in der Gesellschaft
Herausgegeben von Ingeborg Mues

Veröffentlicht im Fischer Taschenbuch Verlag GmbH,
Frankfurt am Main, Juni 1997

Lizenzausgabe mit freundlicher Genehmigung
des S. Fischer Verlags GmbH, Frankfurt am Main
Die französische Originalausgabe erschien 1993
unter dem Titel ›Les hommes et les femmes‹
im Verlag Olivier Orban, Paris
© 1993 by Olivier Orban
Für die deutsche Ausgabe:
© 1994 S. Fischer Verlag GmbH, Frankfurt am Main
Druck und Bindung: Clausen & Bosse, Leck
Printed in Germany
ISBN 3-596-13616-4

Gedruckt auf chlor- und säurefreiem Papier

Der Gedanke zu diesem Buch kam Gilles Hertzog während eines Mittagessens. Wie wär's, wenn wir mal einen Dialog schreiben ließen über Männer und Frauen? Wir Verleger haben ja immer den Kopf voller Ideen über Bücher, die wir mal gerne hätten. Wenige kommen zustande, weil die Autoren so schwer zu überzeugen sind. Das ist für uns das Schwerste. Doch beim Stichwort Liebe und der Frage, wer wohl darüber sprechen würde, da dachte ich sofort an Françoise Giroud und Bernard-Henri Lévy. Weil Bernard mein Freund ist und wir diese Verabredung schon vor Jahren getroffen hatten, und weil ich für Françoise Giroud aufgrund ihrer Veröffentlichungen schon immer Bewunderung hegte, habe ich die beiden kurzerhand aufgefordert, ihre Erfahrungen und Gedanken doch einmal zu konfrontieren.

An dieser Stelle sei ihnen gedankt, dieses Abenteuer gewagt zu haben.

Olivier Orban

Dieses Buch entstand aus einer Reihe von Gesprächen, die wir im Verlauf eines schönen Sommermonats im liebevollen Schatten eines Feigenbaumes führten.

Es hält sich bewußt fern von der Aktualität und dem Lärmen dieser Welt, von der wir uns für ein paar Wochen zurückgezogen haben, um gemeinsam darüber nachzudenken, wie sich die Beziehungen zwischen Mann und Frau entwickelt haben. Die handelnden Personen sind also vor allem die Liebe und ihr Gefolge – das Begehren, die Verführung, die Eifersucht, die Untreue, die Ehe, die erkaltete Liebe. Weil unsere Standpunkte häufig voneinander abweichen, sind diese Gespräche so lebhaft. Jeder hat am anderen ungeahnte Züge entdeckt.

Unsere Freundschaft, die schon sehr alt ist, hat dieser Probe standgehalten. Schön wäre es, wenn auch unsere Leser solche Gespräche führen könnten – und dabei an all die vielen Männer und Frauen dächten, die nicht mehr so recht wissen, was lieben eigentlich bedeutet.

Françoise Giroud
Bernard-Henri Lévy

1 Über die Befreiung
der Frauen als Reizthema
für Spötter

Françoise Giroud: Lieben Sie die Frauen, Bernard?

Bernard-Henri Lévy: Und Sie, Françoise, lieben Sie die Männer?

F. G. Ich finde sie hinreißend – kleine Feiglinge ... auf großen Füßen ...

B.-H. L. Und ich sage: Reizende Verstellungskünstlerinnen ... mit hehren Idealen.

F. G. Fein. Nun aber mal ehrlich!

B.-H. L. Ehrlich gesagt ... Für mich klingt es irgendwie albern, wenn gewisse Männer deklamieren: »Ich liebe Frauen!«

F. G. Wirklich? Für mich ist das eher Ausdruck eines glücklichen Naturells. Denn Frauen zu lieben, ist eine bei Männern eher seltene Eigenschaft. Sie benutzen sie, das ist etwas anderes.

B.-H. L. Mir mißfällt es schon, wenn man »die Frauen« sagt, als sei das eine der Begierde der Männer dargebotene, undefinierbare Masse. Professionelle »Frauenliebhaber« waren in meinen Augen schon immer lächerlich, sie waren mir suspekt. Nach dieser Klarstellung kann ich jetzt vielleicht von mir sagen, daß ich wohl zu den Männern gehöre, die – wie soll man das ausdrücken? – einen Blick und ein Faible für Frauen haben ...

F. G. Ich mag Frauen, wenngleich sie hart und kalt sein können wie Stein, mit einem Stacheldrahtverhau im Herzen. Und wenn ich sie mir so ansehe, dann muß ich feststellen, daß sie in zwanzig Jahren einen Umsturz herbeigeführt haben, der bereits heute eine tiefgreifende Veränderung in ihrer Beziehung zu Männern erkennen läßt.

B.-H. L. Ich beobachte sie auch und bin absolut nicht überzeugt von dieser »tiefgreifenden Veränderung«.

F. G. Ich bin ja nicht mehr »aktiv«, aus dem Verkehr gezogen, wenn ich das mal so sagen darf. Ich schwelge nur mehr in Gefühlen der Freundschaft. Aber ich habe Augen, Ohren und Verstand, und so entgeht mir nicht, daß sich eines radikal verändert hat: Zum ersten Mal in der Geschichte scheinen die Frauen beschlossen zu haben, daß auch sie ein Anrecht auf Glück besitzen. François Mauriac, der die Frauen nicht mochte, hat einmal gesagt: »Sie sind in jedem Falle unglücklich. Das ist ihre Bestimmung.« Und in diesem Punkt, scheint mir, haben sie sich umorientiert. Das ist der Ausgangspunkt.

B.-H. L. Dieser Satz von Mauriac war mir unbekannt. Ein schöner Satz. Schrecklich, aber schön.

F. G. Ein entsetzlicher Satz!

B.-H. L. Aber das durchzieht doch die ganze Literaturgeschichte! Neulich las ich mal wieder (wozu man im Sommer ja Zeit hat!) Balzacs *Die Lilie im Tal*. Diese bedauernswerte Henriette de Mortsauf, die in ihren Félix verliebt ist, diese Liebe aber verbergen muß, nur insgeheim von ihr träumen darf – sie schließlich dann aber doch bekennt, zu spät allerdings, in diesem erschütternden und, das muß man auch sagen, kläglichen Brief: in ihren Augen ist das Begehren etwas Grauenvolles, Lasterhaftes, fast schon Schändliches.

F. G. Und was das Unglaublichste dabei ist: Sie weiß darüber nur, was sie in Büchern gelesen hat! Im Grunde ist sie unwissend. Schon der Gedanke an Glück ist mit einem »Verbot« belegt.

B.-H. L. Das stimmt. Wir wissen allerdings nicht, was Madame de Mortsauf *wirklich* denkt.

F. G. Ich glaube, das wissen wir recht gut.

B.-H. L. Und wenn es komplizierter wäre? Perverser? Es könnte ihr doch auch ein diebisches Vergnügen bereiten – ein Vergnügen immerhin! –, die Spuren zu verwischen und das Opferlamm nur zu spielen.

F. G. Sie spielt aber nicht. Sie *ist* das Opferlamm. Das ist so seit Anbeginn der Zeiten. Hören Sie sich doch nur an, was die Griechen, Aristoteles, Plato etc. sagen – die Frau gilt als »schlecht«, als »gefährlich« für den Mann.

B.-H. L. Der Mythos der Pandora, ich weiß. Nicht nur bei den Griechen, auch in der Neuzeit. Dieses Weib, häufig ein sehr schönes Weib, das unseren armen Globus mit Lastern und Krankheiten überzieht.

F. G. Da ist auch noch etwas anderes mit im Spiel. Und zwar der Mann, der seiner Vaterschaft niemals sicher sein kann, was allein schon genügen würde, ihn nervös zu machen. Daher müssen die Frauen ins Haus verbannt werden, was ja auch geschah. Hinzu kommt der Verdacht, daß sie – wenn man sie gewähren ließe – dem Mann all seine Energie rauben könnten …

B.-H. L. Was nicht so ganz abwegig ist, aber gewiß kein Grund, sie »ins Haus zu verbannen«. Aber es stimmt doch, daß die Frauen Wesen sind, vor denen man sich in acht nehmen muß, denn niemand versteht es so gut wie sie, den Mann zu narren, zu blenden, zu faszinieren und – was auch vorkommt – zugrunde zu richten. Mir persönlich behagt dieser Gedanke von der grenzenlosen Macht der Frauen …

F. G. Und umgekehrt. Aber der Mann wird niemals angeklagt. Wohingegen die männerfressende Frau ein ewiges Klischee ist, dieses Weib, das nie genug kriegen kann, das nach Lust giert, auch wenn der arme Teufel schon am Ende seiner Kräfte ist und es auch kleinlaut zugibt. Wo die Frauen verflucht werden, ist das doch auch immer herauszuhören. Ergo muß man sie zügeln, im Zaum halten.

B.-H. L. Und das ist der Fehler. Denn es ist doch etwas recht Schönes, und das sage ich nochmals, wie die Männer sich in die Irre führen lassen, wie sie den Kopf verlieren wegen einer Frau. Sie können noch so mächtig sein … Noch so blasiert … Noch so berühmt und einflußreich … Kaum taucht eine Frau auf – und schon ist's geschehen! Das ganze Gebäude zerbröckelt, das ausgeklügelte Gleichgewicht gerät ins Wanken …

F. G. Noch im 19. Jahrhundert brüsteten sich die Ehemänner damit, bei ihren Frauen keine Sinnenlust zu wecken, um in Ruhe gelassen zu werden! Dazu kam noch das Gewicht von zwanzig Jahrhunderten christlicher Zivilisation mit der gesellschaftlichen Aufwertung des weiblichen Masochismus, wo man ihnen eintrichterte, Selbstaufopferung sei etwas Bewundernswertes und Leid respektabler als Lust.

B.-H. L. Da vermischen Sie zwei Dinge, liebe Françoise. Zum einen ist da dieses bürgerliche Spießertum mit den in der Tat fast schon schlüpfrig zu nennenden stümperhaften Ehemännern, die alles daransetzen, »um die Sinnenlust ihrer Partnerin nur ja nicht zu wecken«! Der berühmte Satz von Cocteau, der mich schon immer amüsiert hat, und der ja stimmt: »Alle Ehemänner sind Stümper« … Zum anderen ist da das christliche Gedankengut mit dem Postulat, daß es Lust ohne ein gewisses Maß von Leid nicht gibt, was aber – und das müssen Sie zugeben – etwas ganz anderes ist!

F. G. Glauben Sie wirklich!

B.-H. L. Und ob! Nehmen wir doch ein beliebiges Heiligenleben ...
Eine beliebige Mystikerin, trunken vor Schmerzenslust ...
Ob wir das nun Sühneopfer nennen oder nicht, es ist auf
jeden Fall etwas anderes als Ivana Trump! Die ist schon
erregender – erotisch erregender!

F. G. Einverstanden. Aber darum geht es nicht. Dieser Masochismus, dieses freiwillige Sich-Leid-Zufügen, ist kein
Fluch, mit dem die Frauen behaftet sind, selbst wenn
man ihn bei Frauen häufiger beobachtet als bei Männern.
Er wurde gigantisch aufgebauscht, wurde verallgemei-
nert unter dem Druck der kulturellen, der sozialen
Strukturen. »Leidet, denn Leid adelt eure Seele!«

B.-H. L. Die »kulturellen und sozialen Strukturen« haben damit
nichts zu tun. Die Verbindung von Lust und einer Art
Leid, von Wollust und einer Form von Trance oder Ab-
tötung ist ein uraltes Phänomen, das die Jahrhunderte
überdauert hat und das mir, verzeihen Sie, nicht ganz
unbegründet scheint. Nehmen wir doch die Ekstase.
Was ist Ekstase denn anderes als Schmerz? als Selbstauf-
gabe? als Selbstauslöschung im Schmerz?

F. G. Klammern wir die Ekstase einmal aus. Lange Zeit war
Mauriacs Feststellung gerechtfertigt. Die Frauen gefielen
sich darin, unglücklich zu sein. Aber die alten Strukturen, und das betone ich nochmals, sind zerfallen. Natürlich gibt es noch echte Masochistinnen, und denen ist
nicht zu helfen. Doch die meisten empfinden sich als befreit von dieser bleiernen Last. Sie streben schlicht und
einfach nach Glück. Ihre Reaktionen sind elementarer
als früher, sie wollen das Leben genießen.

B.-H. L. Was meinen Sie denn mit echten Masochistinnen? Sie
werden jetzt vielleicht schockiert sein, aber nach meiner

Überzeugung gibt es keine weibliche Erotik ohne zumindest eine Spur von Masochismus, selbst wenn ich Ihnen beipflichte, daß es irgendwie unerträglich war, wie den Frauen jahrhundertelang das Recht auf Liebe, auf körperliches Verlangen, auf Lust verweigert wurde; aber wäre nicht eine Welt, die den Frauen nur ihre »elementaren Reaktionen« zugesteht, weitaus profaner? Wohlgemerkt: auch für die Frauen selbst!

F. G. Eine typische Männeridee! Eine Welt voller glücklicher Frauen – reine Hypothese im übrigen! – wäre also eine betrübliche Welt. Darf ich Sie fragen: Für wen wohl? Nicht einmal Freud, der bei Gott kein Feminist war, bezeichnete den Masochismus als Bestandteil weiblicher Sinnenlust! Sollten diese zwanzig Jahrhunderte uns nichts Wesentlicheres gelehrt haben als den christlichen Begriff der »Schande« und die ewige, verheerende »Sündhaftigkeit« der Frau? In der man im übrigen, wenn es einen denn danach gelüstet, auch noch Reize entdecken könnte. Doch Tatsache ist, daß sie langsam abgebaut wird und daß man es wird lernen müssen, mit Frauen zu leben, die – geistig, wohlgemerkt! – »lockerer« sind. Ich behaupte nicht, das sei einfach – auch nicht für die Frauen.

B.-H. L. Die Frage ist nicht, ob das einfach, sondern ob das überhaupt möglich ist. Sie sprechen von der »christlichen Schande«. Mir ist der Begriff Sünde lieber. Oder das Böse. Und ich glaube – mit Verlaub –, daß dieses Gefühl von Sünde unüberwindbar ist, weil es ursächlich gekoppelt ist an physisches Begehren und Lust. Und da Sie Freud erwähnen: davon war auch er überzeugt. Ich sehe beim besten Willen nicht, wie man diesen schwarzen Fleck oder Schandfleck ausklammern könnte aus einer Liebesbeziehung …

F. G. Wer will denn etwas ausklammern?

B.-H. L. Sie sagten doch, die Frauen seien dabei, einen vom jüdisch-christlichen Gedankengut tradierten und ganz aufs Böse, aufs Negative ausgerichteten Komplex geistig »abzubauen«.

F. G. Stört Sie das Wort »abbauen«?

B.-H. L. Ja. Weil das doch in den Tiefen der Seele sitzt. Soll ich Ihnen etwas sagen? Ich glaube nicht, daß ich schon je einer Frau oder einem Mann begegnet bin, die man als wirklich »befreit« hätte bezeichnen können.

F. G. Ich werde Ihnen welche vorstellen.

B.-H. L. Nein. Denn die gibt es nicht.

F. G. Sie haben das Problem ja auch verlagert. Ich sprach vom Masochismus und beharre auf meiner Einschätzung, daß dies für die meisten eine erworbene Eigenschaft ist, die sich im übrigen nur sehr schwer abschütteln läßt ... Sie kontern mit Sünde, Verbrechen, das Böse ... Mit all diesen gewaltigen Begriffen! Da können wir beruhigt sein: mit einer »Befreiung« davon können weder Frauen noch Männer so schnell rechnen. Wissen Sie übrigens, daß es bei den Chinesen den Begriff Sünde gar nicht gibt? Dabei haben sie doch ein recht intensives und, wie es heißt, überaus raffiniertes Liebesleben.

B.-H. L. Die Eskimos kennen auch den Begriff Eifersucht nicht. Der höchste Beweis von Gastfreundschaft besteht ja angeblich darin, dem in den Iglu aufgenommenen Fremden die eigene Frau anzubieten. Kurios. Und gewiß vergnüglich. Aber das ändert nichts, meiner Ansicht nach.

F. G. Für sie schon, ganz erheblich: bei ihnen ist der Teufel nicht mit im Bett.

B.-H. L. Schon ... Aber für uns?

F. G. Das bedeutet doch, daß es anderswo Menschen gibt, die

dem Liebesakt gegenüber eine andere Einstellung haben als wir. Doch das ist eine andere Geschichte. Bleiben wir also bei unseren Begriffen wie Sünde, Verbrechen, das Böse, von denen wir ja nicht loskommen. Obwohl man auch mal überlegen könnte, welchen Platz man dem Bösen oder dem Sakralen zuweist. Ich sage ja nur, ganz unprätentiös, daß die Frauen im Begriff sind, sich unter Aufbietung aller Kräfte von sich selbst zu befreien. Von wem kann man sich denn sonst befreien? Und daß sie dabei sind, zumindest einen Gutteil der Schuldhaftigkeit, mit der ihr gesamtes Verhalten, nicht nur in Liebesbeziehungen behaftet war, abzubauen.

B.-H. L. Und darauf sage ich – ebenfalls ganz unprätentiös –, daß man sich von dieser Schuldhaftigkeit nicht so »mir nichts, dir nichts« befreien kann. Die menschliche Spezies ist schuldbehaftet. Das ist ihr Erbgut. Die Frauen auch ...

F. G. Ich bitte Sie ...! Sie wollen doch wohl nicht so frivol sein, zu glauben – Sie doch nicht! –, daß eine Frau, die sich selbst befreit hat, nun wie eine läufige Hündin herumrennt, wohingegen ja die Männer den Frauen nachlaufen.

B.-H. L. Wer redet denn von läufigen Hündinnen?

F. G. Selten, auch wenn es das gibt, haben Frauen an jedem Finger zehn. Im übrigen zeigen alle Untersuchungen, sofern man ihnen Glauben schenken kann, daß im Gegensatz zur landläufigen Meinung das Verhalten in Liebesdingen sich kaum verändert hat.

B.-H. L. Das sag ich ja!

F. G. Aber – und das ist das Wesentliche – die Sprache hat sich befreit, und damit haben die Frauen ein anderes Verhältnis zu ihrer Sinnlichkeit erlangt. Sie erheben den unerhörten Anspruch, sie als Glück auszuleben und sie nicht mehr verkümmern zu lassen. Welch ein Skandal!

B.-H. L. Ich wiederhole: Wer spricht denn von »verkümmerter Sinnlichkeit«? von »an jedem Finger zehn«? von »läufigen Hündinnen«? Wenn irgendwo etwas Hündisches steckt – aber dieses Wort haben Sie hier eingeführt! –, dann im Begehren im allgemeinen, in der Zügellosigkeit, in den Spielarten. Wobei es – und da können Sie ganz beruhigt sein – sich von selbst versteht, daß Männer und Frauen diesbezüglich in der gleichen Lage sind! Absolut in der gleichen Lage!

F. G. Als Marktobjekte! Die merkantile Ausbeutung des Sexualtriebs durch Werbung, Musik und Chansons hat dieses oft schier erstickende Klima geschaffen. Bedauerlicherweise könnte durch Aids ein strenges Korrektiv erfolgen. Denn wer mit dem Tod spielt, spielt anders.

B.-H. L. Auf Aids werden wir noch zurückkommen. Was mich im Augenblick hier stört, ist Ihre Koppelung von »Sinnlichkeit« und »Glück«. Sinnlichkeit erzeugt nie »Glück«. Sie ist nie »unschuldig«. Auch sie gehört – zumindest meiner Meinung nach – zu diesem uralten, in uns zutiefst verwurzelten Komplex von Verbot, Schuld und dem damit automatisch verknüpften Hang zum Animalischen. Was das mit Werbung und Marktobjekt zu tun hat, sehe ich nicht.

F. G. Ich wollte sagen, daß Sex als Konsumgut vermarktet, als Anreiz zu Konsum eingesetzt wird. Keine Kaffeemarke wird verkauft, ohne das Bild einer nackten Frau in Ekstase, als Garnierung.

B.-H. L. Ein Hoch auf die nackten Frauen, in Ekstase! Auch wenn sie das Gesicht Ihrer »von Zwängen befreiten« haben ...

F. G. Nicht nur Sex wird hochgejubelt, sondern auch – ob man es wahrhaben will oder nicht – die Droge, dieses pure Lustobjekt. Die »ungehemmte Lust« von 68 ist zu einer Art Programm für jedermann geworden ...

B.-H. L. Dem – nebenbei bemerkt – Sie sich anschließen ... Darauf basiert doch, was Sie über die »befreiten« Frauen sagen.

F. G. Absolut nicht! Die Hemmung haben wir ja in uns, und sie ist untrennbar vom Genuß. Doch daraus abzuleiten, es gäbe kein körperliches Glück ... Da kann ich Ihnen nicht mehr folgen, selbst wenn ich eine gewisse Melancholie gelten lasse. Und ich kenne Frauen – und sie sind zahlreich –, die Sinnlichkeit immer nur als eine bittere, niemals erfüllte, von einem gleichgültigen oder ungeschickten Mann hervorgerufene Erregung erlebt haben und schier krank wurden, weil sie nie den Höhepunkt erreichten.

B.-H. L. Da kann ich Ihnen nur sagen – *diesen Frauen* sagen: Ich werde Ihnen geschicktere oder weniger gleichgültige Männer vorstellen.

F. G. Lesen Sie bei Stendhal nach. Er war der erste Schriftsteller, der die Frauen mit Zärtlichkeit und ohne Verachtung betrachtete: »Manche tugendhaften, feinfühligen Frauen haben kaum eine Vorstellung von der Sinnenlust; sie geben sich ihr selten preis, wenn man überhaupt so sagen darf ...« Ich sage es nochmals und halte daran fest: Sinnlichkeit ist eine Dimension der Liebe, die man ebensowenig wie den Tod mit Worten eingrenzen kann, die aber eine wesentliche Komponente der Lebensfreude ist ...

B.-H. L. Wer behauptet denn das Gegenteil?

F. G. Es sei jedem freigestellt, sein Glück in Enthaltsamkeit zu suchen, was ich durchaus für möglich halte. Aber aus verkorkster, aus kastrierter Sinnlichkeit entsteht nie und nimmer Glück!

B.-H. L. Wir reden offenbar immer aneinander vorbei. Ich verfechte – wie Sie sich denken können – weder die kastrierte Sinnlichkeit noch die Enthaltsamkeit. Ich sage nur – und das ist wirklich etwas völlig anderes –, daß alles, was mit dem physischen Verlangen zusammenhängt, sich längst nicht so geändert hat, wie man meinen könnte und wir gar nicht so weit entfernt sind von dem, was Stendhal beschrieben hat.

F. G. Das stimmt zum Glück nicht!

B.-H. L. Leider doch. Wenn Sie wüßten, wie viele Frauen auch heute noch »fast gar keine Vorstellung von physischem Genusse« haben. Das ist ja die Chance der Verführer … Ihr lukrativer Job … Darauf werden wir noch zurückkommen; aber wenn die Verführer eine Macht haben, dann ist es die: hinter der Maske der angeblich »befreiten« oder »strahlenden« Frau das Gesicht der von der Liebe frustrierten auszumachen, die im allgemeinen nichts anderes erwartet, als daß man sie entlarvt …

F. G. Wissen Sie, was Baudrillard zur weiblichen Sinnlichkeit gesagt hat? Die Geschichte des weiblichen Geschlechts sei in keiner Weise die einer Knechtschaft.

B.-H. L. Das läßt sich verfechten.

F. G. Die Frauen, alles andere als ausgebeutete Wesen, hätten seit eh und je aufgrund ihrer Nicht-Befriedigung zur Herausforderung gegriffen und die Lust des Mannes dann als etwas Läppisches verspottet. Das war ein Teil ihrer Verführungsstrategie, und jetzt wären sie auf dem besten Wege, auf der ganzen Linie zu verlieren, weil sie ihr eigenes Recht auf Lustgewinn forderten, usw.

B.-H. L. So ganz falsch ist das nicht. Es steckt schon ein Teil Herausforderung – das meine ich auch – in der scheinbaren Unterwürfigkeit der Frauen; und im Verführen eine symbolische Macht, die der, die man den Männern zuspricht, zumindest gleichwertig ist. Das sagte ich ja schon in bezug auf die Mortsauf.

F. G. Ich brauche Ihnen ja wohl nicht zu sagen, daß ich diese Dialektik nicht mitmache und daß mir a priori nichts suspekter erscheint als das Gerede der Männer über die weibliche Sinnlichkeit. Freud eingeschlossen, mit seinem berühmten Spruch »Anatomie ist Schicksal«.

B.-H. L. Das Gute bei Freud ist, daß er es uns ein für allemal ermöglicht hat, diesem Befreiungspalaver, sexueller oder anderer Art, den Garaus zu machen. Verzeihen Sie, Françoise, aber ich komme davon nicht los; und nichts, was ich sehe und höre – auch heute –, wird mich davon abbringen, mich als Freudianer zu bekennen.

F. G. Eine merkwürdige Deutung von Freud!

B.-H. L. Was hat man in den 60er und 70er Jahren nicht alles gefaselt über diese »Befreiung«. Man erklärte uns, alles würde sich ändern, umkippen. Man versprach uns einen neuen Aufbruch, herrliche Zeiten, endlich prachtvolle Körper, die Aufhebung sämtlicher Tabus, aller Verbote. Man sagte uns, dies sei eine Revolution, die größte seit Menschengedenken. Als deutlich wurde, daß das alles nicht so recht klappte und die Welt in ihren Fundamenten nicht erbebte, wollte man uns weismachen, dies alles verändere zumindest von Grund auf die Vorstellungen und Ausdrucksmöglichkeiten der Frauen. Ich glaube einfach nicht daran. Habe nie daran geglaubt. Jetzt noch weniger denn je. Hätte ich zu bewerten, was in diesem schicksalhaften, obskuren, ewigen Bereich fortdauert oder sich wandelt und was sich durch den Wandel der

Mentalitäten verändert hat, dann würde ich ohne Zögern dem ersten Aspekt den Vorzug geben.

F. G. »Man« hat viel Unsinn geredet, aber man darf ja nie glauben, was »man« so sagt.

B.-H. L. Natürlich. Aber dieses »man« ist eine historische Bewegung, die die Menschen mobilisiert und Hoffnungen geweckt hat, und die, wie ich feststellen mußte, doch im wesentlichen gescheitert ist. Können wir dieses Buch zustande bringen, können *Sie* es schreiben, ohne sich die Frage zu stellen, was der Feminismus war, welche Träume er geweckt hat – aber auch, wo er versagt hat und in eine Sackgasse geraten ist?

F. G. Ein Traktat über den Feminismus, seine Freuden, seine Leiden – wie langweilig!

B.-H. L. Wem sagen Sie das!

F. G. Kurz gefaßt: ich finde absolut nicht, daß der Feminismus »gescheitert« ist. In bezug auf die Träume vielleicht. Aber abgesehen davon, daß ich nie geträumt habe: Kennen Sie Träume, die nicht scheitern? Was würden Sie zum Beispiel zum Traum von Demokratie sagen? Ich stelle fest, daß die Frauen aus ihrer Regungslosigkeit erwacht sind, daß ein Teil ihrer selbst draufgängerisch, dynamisch, fröhlich, humorvoll geworden ist, während die Frauen früher traurige Gestalten waren. Sie wollen's wissen – wie man so sagt –, und sie werden's schaffen! Selbst wenn es sich inzwischen um eine Bewegung handelt, deren Ziele manchmal verschwommen scheinen, selbst wenn der amerikanische Feminismus in eine Art haßerfülltes Delirium abgeglitten ist.

B.-H. L. Sie sprechen in der Vergangenheitsform. Dabei kehrt er zurück, dieser »haßerfüllte Feminismus«. Und auf ihm basiert das heutige *politically correct*.

F. G. Mich interessiert nicht die Zukunft des Feminismus, sondern die Zukunft des Paars in der Gesellschaft und in seinem Intimleben.

B.-H. L. Mich auch. Und daher drängt es mich ja so – im Interesse nicht nur des Paars, sondern der Frauen –, diese sogenannte »feministische« Ideologie abzuschütteln.

F. G. Es geht um die Beziehungen zwischen Mann und Frau, und um die Frage, wie es sich – im Positiven oder Negativen – auswirken wird, daß es mehr und mehr Frauen gibt, die ein neues Selbstbewußtsein entwickeln und nie und nimmer mehr »kuschen« werden. Hier geht es – wenn Sie so wollen – um Machtverhältnisse, im weitesten Sinne des Wortes. Ich bin bereit, Ihnen zuzugestehen, daß übertriebene Zügellosigkeit und damit verbundener Exhibitionismus schlichtweg obszön sind und das Wort »Freiheit«, wollte man es darauf anwenden, entwürdigt wäre.

B.-H. L. Das brauchen Sie mir nicht zuzugestehen, denn das habe ich ganz und gar nicht gemeint.

F. G. Doch.

B.-H. L. Nein. Ich bin nicht generell gegen Exhibitionismus. Auch nicht gegen das, was Sie »Zügellosigkeit« nennen.

F. G. Sich frei zu fühlen in bezug auf die eigene Sexualität, bedeutet nicht, daß man die Selbstachtung verliert oder mit seiner Sexualität hausieren geht. Es bedeutet aber, um nur ein Beispiel zu nennen, und nicht das unwesentlichste, daß man Sexualität trennt von Fortpflanzung. Wissen Sie, wie viele Frauen in Panik gelebt haben, weil man sie ja – wie man so schön sagte – zu »gefallenen Mädchen« abgestempelt hätte? Und glauben Sie wirklich, daß sich in der Geschichte von Mann und Frau nichts verändert hat, seit diese absolut kapitale Entschei-

22

dung, ein Kind zu wollen oder nicht, den Frauen überlassen ist? Seit man sie den Männern in gewissem Sinne »entzogen« hat?

B.-H. L. Da sprechen wir schon wieder von etwas anderem.

F. G. Nein. Denn das berührt genau, was Sie »schicksalhaft«, »obskur« und »ewig« nannten. Und das ist im wahrsten Sinne des Wortes eine Revolution. Deren Auswirkungen wir noch sehen werden.

B.-H. L. Passen Sie einmal auf: Ich pflichte Ihnen selbstverständlich bei, daß die Trennung von Lust und Fortpflanzungspflicht für die Frauen ganz entscheidend war. Aber, abgesehen davon, daß ich es noch lieber sähe, wenn man den Männern, wie Sie sagen, dies nicht radikal »entzogen« hätte, bleibt doch die Frage, die – wie Sie ebensogut wissen – der sogenannte »feministische« Kampf nicht beantwortet hat: was nämlich in den Köpfen der Frauen vorgeht? wie sie sich ihren eigenen Körper und den der anderen vorstellen? wie sie ihr persönliches Lustempfinden einschätzen? ihr eigenes Verlangen?

F. G. Eine weitgefächerte Frage!

B.-H. L. Hat sich da wirklich etwas verändert? hat ihre »Revolution« diese Bereiche der Sensibilität tiefgehend beeinflußt?

F. G. Natürlich.

B.-H. L. Da wären wir dann zum ersten Mal völlig entgegengesetzter Meinung. Sie sagten, das »Verhalten in Liebesdingen« habe sich kaum verändert – verändert habe sich die Sprache und damit das Verhältnis der Frauen zu ihrer eigenen Sinnlichkeit. Ich bin vom Gegenteil überzeugt: Sittenwandel; Verhaltensveränderungen; ihr Auftreten, ihre Liebes- oder Verführungsstrategien sind eindeutig nicht mehr dieselben; wohingegen die Einstellung der

Frauen zu diesen Dingen haargenau die gleiche geblieben ist. Die Frauen handeln anders, das gebe ich zu. Sie spielen anders. Aber ihr innerer Monolog und – ich sage es nochmals – ihre Vorstellung von sich selbst und von anderen sind im wesentlichen gleichgeblieben.

F. G. In diesem Punkte wird es schwierig, von den Frauen im Plural zu sprechen. Wie könnte ich denn den inneren Monolog *der Frauen* kennen? Wer kann ihn denn kennen? Sie haben nie über sich selbst gesprochen. Oder äußerst selten, äußerst wenig. Über ihre Gefühle, ihr Denken, ihre »Mechanismen« – ein Wort, das ich gar nicht mag – wissen wir doch nur, was Männer ihnen in den Mund gelegt haben. Geniale Männer, wenn man Glück hat, aber dennoch Männer ... Männer ließen Anna Karenina, Mathilde de la Mole und Emma Bovary sprechen. Später kam dann allerdings Colette und sprach von »jenen Gelüsten, die man so leichtfertig körperlich nennt«, aber sie steht recht allein auf weiter Flur ...

B.-H. L. Ja und nein. Es gab schon noch etliches, so manches. Leider – darin liegt das Problem – lassen sie nicht so viel Talent und Intelligenz erkennen wie die von Ihnen zitierten Werke. Man müßte in der Tat einmal die Frage erörtern: Woher kommt es, daß die Aussagen über weibliche Sexualität den Männern überlassen, ihnen als Privileg zugestanden wurde? Wie erklärt sich das Schweigen der Frauen? Diese Scham? Dieser Rückzug? War es Vorsicht oder – man weiß ja nie! – Kalkül, daß sie diese eindeutig strategische Aufgabe anderen überließen?

F. G. Perversität, Rückzug ... Ich sehe das gar nicht so. Wo hätten sie denn darüber sprechen können? Zu wem? Können Sie sich vorstellen, daß eine Frau vor unserem Jahrhundert es gewagt hätte, ein solches Thema zu behandeln? Wo hätte sie den Mut hergenommen, allein schon vor sich selbst? Und dann noch darüber schreiben? Das wäre schlichtweg undenkbar gewesen. Wenn es um sie selbst ging, haben sie kein Wort gesagt, niemals. Im Verlauf der Geschichte waren Frauen immer stumm. Und dann erst so etwas: Sexualität!

B.-H. L. Nehmen Sie doch jemand wie Anaïs Nin. Ihr *Tagebuch*, meine ich. Aber auch diesen kuriosen erotischen Roman, den ich vor langer Zeit gelesen habe und der, wenn ich mich recht erinnere, *Haus des Inzests* hieß.

F. G. Da sind wir ja auch schon mitten im 20. Jahrhundert.

B.-H. L. Genau! Und es klingt, als wären wir mitten im 19. Oder nehmen Sie Colette Peignot, sie war die Mätresse von Souvarin, von Jean Bernier und dann von Bataille. Nehmen Sie diese erstaunliche Frau, die Georges Bataille zu *Madame Edwarda* inspirierte, kurz bevor sie entkräftet, noch jung an Jahren, in seinen Armen starb. Da haben Sie den Prototyp der befreiten Frau. Die Revolutionärin par excellence. Eine moderne Frau, die sich an wirklich allen Kämpfen ihrer Generation beteiligt. Und sie schrieb ein Buch. Oder besser gesagt: nach ihrem Tod wurden ihre berühmten *Schriften* unter dem Pseudonym »Laure« veröffentlicht. Und da haben wir einen übrigens sehr schönen Text, der aber die Regungen des weiblichen Körpers in Begriffen schildert, die kaum vom traditionellen Repertoire abweichen. Leidensbereitschaft. Masochismus. Wollust in der Hingabe. Erlebte Nähe von Lust und Tod. Alles ist drin. Alle Stereotypen dessen, was Sie christliche Überlieferung nennen. Also nochmals dieselbe Frage: Hinkt die Literatur hinterher? reichen die Wörter nicht aus, um eine sich verändernde Realität zu fassen? steht diese freie Frau so unter dem Bann des männlichen Imaginären (in diesem Fall ist es Bataille), bis hin zur Inszenierung ihrer eigenen Sinnlichkeit? oder haben wir hier eher (was meine Meinung ist) Fortdauer der großen symbolischen Motive, die Strukturelemente der weiblichen Sprache sind?

F. G. Colette Peignot ist eine interessante Figur. Zu Ausschweifungen verführt, besudelt, verprügelt von einem ihrer Liebhaber, der ihr ein Hundehalsband anlegte, vom Tod fasziniert, in die Tiefe der Hölle hinabgestiegen, wo sie den Himmel suchte ... Bei ihr sind wir weit entfernt vom Leidens-Erotismus. In diesem Punkt könnte man sie mit Colette konfrontieren, die von Leidensbereitschaft auch meilenweit entfernt ist. Bei Anaïs Nin erkenne ich überhaupt keinerlei Leidensbereitschaft. Aber lassen wir doch die Literatur.

B.-H. L. Man darf die Literatur nie unbeachtet lassen.

F. G. Das wird nicht so bleiben. Im Augenblick versuche ich nur, Ihnen folgendes klarzumachen: gewandelt hat sich ganz eindeutig die Vorstellung der Frauen von sich selbst. Sie haben allmählich Vertrauen zu sich gewonnen ...

B.-H. L. Deswegen sprach ich von Anaïs Nin: ihre Texte sind von verblüffendem Konformismus.

F. G. Na und? Die Frauen sind ja noch so unsicher, so schnell bereit, sich hinter die Verführungskünste zu flüchten, denn da kennen sie sich aus, das ist seit ewigen Zeiten ihr Terrain. Ich glaube auch nicht, daß sie bereit sind, darauf zu verzichten, doch sie sind mehr und mehr entschlossen, sich durch anderes zu behaupten als durch ihre geschwungenen Lippen oder ihren aufreizenden Busen. Im Grunde wollen sie alles haben, und das macht sie so zweideutig.

B.-H. L. Und anziehend.

F. G. Sicherlich. Es bleibt allerdings ein nicht exakt zu bestimmender Prozentsatz junger Frauen, die nach dem alten Schema *to catch a man* verfahren, den reichsten, nach Möglichkeit, und die im Austausch dafür auch ein paar Demütigungen hinnehmen, die ihnen ja nicht erspart bleiben. Aber das ist, wie mir scheint, nicht mehr das Bestreben der Mehrheit, wie es – unter den verschiedensten Deckmäntelchen – so lange praktiziert wurde. Selbst die »liederlichsten« unter ihnen träumen ... Ein eigenes Unternehmen haben, Theater spielen, ein Buch schreiben, was weiß ich ... Existieren! Sich artikulieren – wie man heute sagt. Sich anders definieren – nicht mehr über den Mann.

B.-H. L. Auch das ist nichts Neues. Sie erwähnten vorhin *Madame Bovary*. Es gibt da einen recht witzigen Brief von Flaubert, worin auch er das doppelte Postulat der Frauen formuliert: verträumt und berechnend, leidenschaftlich und realitätsnah. Er sagt genau: auf der einen Seite haben wir die »perfekte Kassiererin« und auf der anderen die »Traumkammer« ...

F. G. Mag sein. Aber die Art der Träume ist eine andere. Madame Bovary träumt nicht davon, ein eigenes Unternehmen zu gründen ... Im übrigen ist der von mir hier erwähnte Frauentyp gewiß derjenige, der sich am wenigsten verändert hat. Die Liebhaber haben durchaus noch Zukunft! Doch im Umgang der Frauen mit ihrer eigenen Sinnlichkeit sind Resignation, das Erdulden der Resignation und das bereitwillige Fortführen einer Bindung, in der sie keine Erfüllung finden, verschwunden. Wissen Sie, daß es meistens die Frauen sind, die eine Scheidung wollen?

B.-H. L. Ich weiß nur eines: daß auf ihre Forderung hin, und zu ihrem Vorteil, am Ende des vorigen Jahrhunderts die Scheidung wieder eingeführt wurde. Zu diesem Zeitpunkt war die Scheidung eindeutig Frauensache. Bücher darüber gibt's ja genug. Eine ganze Flut »Belle-Epoque-Literatur«, die immer das gleiche Thema weiterspinnt: die Ehefrau, die die Tür zuknallt und fortgeht.

F. G. Und die dann in der Gosse landet, weil sie mittellos ist.

B.-H. L. Natürlich.

F. G. Heute sind die Statistiken eindeutig. Und vielsagend. So schnell geht das ja nun auch wieder nicht! ... Es muß Zeit verstreichen. Aber nach meiner Überzeugung trennt sich eine Frau nicht so schnell von ihrem Partner, wenn er sie auch im Bett glücklich macht. Manchmal bleiben sie allein ... Aber sie sind viel wählerischer als die Männer. Ein männlicher Single, ob verwitwet oder verlassen, sucht sich sofort wieder eine Frau, und häufig ist es die erstbeste. Den Frauen ist Einsamkeit lieber als der »erstbeste« ... Um einen Mann neben sich zu ertragen, müssen sie ihn schon auch ein ganz klein wenig schätzen. Wie ich beobachte, ist das bei Männern keine Grundbedingung.

B.-H. L. War Ihnen schon jemals die Einsamkeit lieber?

F. G. Ehrlich gesagt – ich stand nie vor dieser tristen Alternative. Sagen wir, ich hab viel Glück gehabt. Aber allein war ich schon ab und zu ... Als junges Mädchen war ich ein Einzelgänger, ungesellig wie ein Bär. Einsamkeit ist häufig schwer zu ertragen. Das führt aber nicht unbedingt dazu, daß man sämtliche Ansprüche aufgibt.

B.-H. L. Das ist auch gut so. Aber ich bin nicht überzeugt, daß das die Regel ist.

F. G. O doch!

B.-H. L. Jetzt werden Sie mir gleich wieder sagen, ich hätte nicht die richtigen Kontakte, und Sie müßten mir wirklich »freie« Frauen vorführen. Ich persönlich bin immer wieder verblüfft, wie leicht die Frauen es doch hinnehmen, wenn sie sexuell »auf der Strecke bleiben«, wenn man das mal so sagen darf. Sie geben das natürlich nicht zu. Das bleibt ein Geheimnis. Ihr Geheimnis. Sie versuchen, gute Miene zum bösen Spiel zu machen und würden nie und nimmer zugeben, daß es ihnen im Grunde so geht wie der Bovary.

F. G. Das ist etwas anderes.

B.-H. L. Nein. Das ist *dasselbe*. Denn ich spreche von modernen, von dynamischen, von befreiten Frauen. Es sind genau diese so strahlend wirkenden Frauen, von denen wir vorhin sprachen, die man eigentlich im siebten Himmel wähnen würde. Doch sobald man ein wenig an der Oberfläche kratzt, sobald man sich vorpirscht auf das Terrain der – sagen wir mal – der Vertraulichkeiten, dann hört man schon sehr merkwürdige Dinge, die weit entfernt sind von dem glücklichen, schmeichelhaften Bild, das Sie hier geben! Sie fühlen sich gedemütigt. Nicht geliebt, wie sie es sich wünschten. Junge, hübsche Frauen, die einem eiskalt erklären, daß sie wochen-, oft monatelang mit ihren Männern keinen Intimkontakt haben. Aber das lassen sie sich nicht anmerken. Oder sie nehmen sich einen Liebhaber. Wenn sie nicht, wie man früher sagte, das Ganze sublimieren und sich ihren Träumen hingeben. Was ich hiermit sagen will, ist dies: Sie nehmen es hin, und auch in diesem Punkt hat die feministische Revolution nicht viel Veränderung gebracht. Ganz im Gegenteil!

F. G. Wieso »im Gegenteil«?

B.-H. L. Weil sie sich auf etwas anderes stürzen. Das haben sie doch gesagt, oder nicht? Daß etwas anderes sie antreibt? anderes sie mobilisiert, sie motiviert? Und paradoxerweise blenden sie sich damit selber. Und nehmen es folglich weiter hin.

F. G. Da kommen wir endlich zum Kern unserer Debatte. Ich wiederhole nochmals, und das ist meine Beobachtung, daß die weibliche Resignation rapide abnimmt. Was natürlich nicht bedeutet, daß sämtliche gedemütigten oder frustrierten Frauen sich von ihrem Partner trennen. Nicht alle tun das. Aber es sind immerhin so viele, daß sich ein neuer Frauentyp herauskristallisiert, der das Zusammenleben nicht mehr hinnimmt, wenn dies nur aus Verletzungen besteht.

B.-H. L. Um so besser. Ja, wenn Sie recht haben, um so besser. Aber, ehrlich gesagt, Sie überzeugen mich nicht.

F. G. Und das bezieht sich nicht nur auf die verheirateten Frauen. Da sind auch all die anderen, die eine Liaison abbrechen, auch wenn es dem Partner die Sprache verschlägt, und die sich ihre Kinder schnappen und fortgehen. Aber das ist noch ein anderes Problem. Wissen Sie, woran ich bei unserem Gespräch denken muß? An den Satz meines geliebten Stendhal: »Dieses Gespräch läßt mich mehr und mehr erkennen, daß ein Mann fast nichts Gescheites über das zu sagen hat, was im Herzensgrunde einer fühlenden Frau vorgeht.« Aber vermutlich werden Sie gleich parieren, daß wir Frauen ja wohl auch nicht sagen können, was im Herzensgrunde eines fühlenden Mannes vorgeht.

B.-H. L. Ich weiß nicht …

F. G. Darf ich Ihnen dennoch, ganz behutsam, sagen, was im Kopf zartfühlender junger Männer vorgeht? Da hat sich nämlich ein gewaltiger Wandel vollzogen.

B.-H. L. So?

F. G. Früher mußten sie, um jeden Abend ein Mädchen im Bett zu haben, wonach es sie in diesem Alter ja gelüstet, erst einmal einen Beruf haben. »Junger Mann, Sie werden meine Tochter erst heiraten, wenn Sie einen Beruf haben.« Das galt ja nicht nur im Bürgertum. Ein toller Arbeitsanreiz! Heutzutage haben die jungen Männer jeden Abend ein Mädchen im Bett, oder auch nicht, aber mit ihrem »Beruf« hat das nichts zu tun. Das, was sie am stärksten motivieren sollte, zu arbeiten, ist also verschwunden.

B.-H. L. Eines steht für mich fest: in diesen Dingen prallen unsere Meinungen weitaus stärker aufeinander, als ich es mir vorgestellt hätte. Ihr Optimismus verblüfft mich. Mein Pessimismus ist Ihnen lästig. Im Prinzip keine üble Voraussetzung für unser weiteres Gespräch.

F. G. Mein Optimismus? Wer sagt denn, daß ich optimistisch bin? Wandel ist nicht immer gleichbedeutend mit Fortschritt, und jeder Fortschritt hat auch eine Kehrseite. Aber etwas ist in Bewegung geraten. Das fasziniert mich, und rührt mich in gewisser Weise. Bis morgen also.

2 Über die Häßlichkeit
als fundamentale Ungerechtigkeit

B.-H. L. Gestern, nachdem wir uns getrennt hatten, habe ich
nochmals in Paveses Tagebuch geblättert. Er sagt da
(ich zitiere aus dem Gedächtnis): »Keine Frau geht eine
Ehe aus Berechnung ein: Alle haben sie die Umsicht,
sich, bevor sie einen Millionär heiraten, in ihn zu verlie-
ben.« Das klingt hart, stimmt aber wohl. Und es illu-
striert vor allem genau das, was Sie gestern sagten: daß
es immer noch Frauen gibt, die es auf das *to catch a man*
anlegen ...

F. G. Einen Grund hat es immer, wenn man einen Mann
liebt ... Warum nicht sein Geld? Das ist letztlich ein Zeichen für Macht. Und Frauen sind ja nicht gegen Macht.

B.-H. L. Stimmt das auch für Sie? Schätzen Sie vielleicht Macht?

F. G. Die Macht, die das Geld verleiht, bestimmt nicht! Aber
für intellektuelle Potenz bin ich durchaus anfällig, um so
mehr, wenn sie in einem nicht gerade abstoßenden Körper steckt. Ich habe immer nur gutaussehende Männer
geliebt ... das ist meine Schwäche.

B.-H. L. Das läßt sich eben alles nicht trennen. Ist es dies oder
jenes, warum man jemanden liebt? weiß man das immer
so genau?

F. G. Wahrscheinlich nicht.

B.-H. L. Das ist genau das Problem des Helden in Butors *Modifi-
kation*. Er braucht die ganze Reise zwischen Paris und
Rom (und ein ganzes Buch!), um sich klarzuwerden, daß
das, was er an Cécile liebt, »das Antlitz Roms« ist und

daß er sie »ohne Rom« und »außerhalb von Rom« gar nicht begehren würde.

F. G. Mit dem Ergebnis, daß seine Liebe sich verflüchtigt. Und am Ziel seiner Reise angekommen, hat er den Gedanken, Cécile nach Paris zu holen und ihr dort eine Wohnung einzurichten, bereits aufgegeben.

B.-H. L. Was beweist, daß man über solche Dinge gar nicht allzu intensiv nachdenken sollte ...

F. G. Man will's eben immer wissen ... Sicherlich eine Schwäche ...

B.-H. L. Das ist ja gerade das zu Herzen Gehende (und das Reizvolle) in der Liebe. Warum liebe ich sie? Und was findet sie an mir? Woher kommt diese unerklärliche Bindung? Auf welchem Mißverständnis beruht sie? Das fragen die Liebenden sich doch ständig. Sie suchen die logische Folge. Verschleiern. Deuten. Und irren sich natürlich ...

F. G. Eine Denksportaufgabe – ohne Ergebnis, das stimmt. Und doch tun sie's alle.

B.-H. L. Nehmen wir all die jungen Mädchen, die aus tausenderlei Gründen begehrenswert wären, und die sich doch immer wieder fragen, ob man sie nicht nur ihres Geldes wegen liebt. Solche habe ich gekannt! Mit dieser Frage haben sie sich buchstäblich das Leben vergällt. Lebensunfähig – von diesem Verdacht vergiftet ...

F. G. Auch ich habe solche Mädchen gekannt, die sich das Leben vergällt haben mit diesem Verdacht ... Bedauernswerte reiche Töchter! Aber das Schlimme ist, daß ein Mann auf sein Geld stolz sein kann, ist es doch Beweis für sein Talent, während die vermögenden Mädchen, von denen Sie sprachen, meist reiche Erbinnen sind, die nichts selbst geschaffen haben und daher glauben, daß man sie nicht um ihrer selbst willen liebt ... Häufig haben sie in ihrer Kindheit, die ein goldener Käfig war, auch keine oder nur wenig Liebe erfahren ...

B.-H. L. Sie sagten: »Ich habe immer nur gutaussehende Männer geliebt – das ist meine Schwäche.« Soll das heißen, daß gutes Aussehen immer Grundbedingung ist für Verführung? Daß einer, der häßlich ist – objektiv häßlich, nicht schön meine ich, einer, der dem, was wir alle grosso modo unter gutem Aussehen, unter Schönheit verstehen, »nicht entspricht« –, bei Ihnen nicht die geringste Chance hat oder gehabt hätte?

F. G. In der Tat.

B.-H. L. Einen Raymond Aron hätten Sie nicht lieben können?

F. G. Nein, ich glaube nicht.

B.-H. L. Und Sartre? Hat Sartre Sie nie fasziniert, betört?

F. G. Fasziniert, betört – das schon. Aber ich hätte mich nie von ihm berühren lassen. Wohingegen ...

B.-H. L. Kommen Sie mir jetzt ja nicht mit der alten Leier, daß Intelligenz auch einen häßlichen Menschen schön macht, ihn erstrahlen läßt, usw. Das ist zu einfach. Versuchen wir einmal, ehrlich zu sein, und sagen Sie mir jetzt, ob Sartres Häßlichkeit für Sie ein Hindernis war – welches? welcher Art? –, daß Sie es ausschließen, trotz seiner betörenden Gespräche, seiner Bücher, seines Ruhms, ihm als Mann zu verfallen ...

F. G. Ja. Ein unüberwindbares Hindernis für eine intime Beziehung. Ein anderer Bekannter von mir war ebenfalls entsetzlich häßlich, hatte aber eine immense erotische Ausstrahlung. Ich meine Pierre Lazareff. Nicht viele haben ihn abgewiesen. Die Frauen flogen auf ihn. Ich fand ihn hinreißend. Aber ihn anfassen ...? Gegen ein Freundschaftsverhältnis mit einem unattraktiven Mann sträube ich mich nicht. Aber ein Liebesverhältnis – undenkbar!

B.-H. L. Mich wundert nicht, was Sie über Lazareff sagen. Das traf auch für Sartre zu. Er war immer von Frauen umgeben. Oft sehr hübschen Frauen ... Aber er war ja eben auch Sartre, nicht wahr? Und hatte eine tolle Ausstrahlung ... Geballte Kraft ... Wissen Sie noch, was er sagte? Wenn ich Philosoph geworden bin, wenn es mich so nach Ruhm verlangt, der sich noch gar nicht so schnell einstellen will, dann ist der Grund eigentlich der – den Frauen zu gefallen. Letztlich ist ihm das ja ganz gut gelungen. Wenn er aber nun kein Philosoph gewesen wäre? Und nicht berühmt? Ist Häßlichkeit nicht das Handicap schlechthin? Das unüberwindbare Hindernis? Definitive Ungerechtigkeit?

F. G. Nein, so weit würde ich nicht gehen. Ein Geschenk ist es allerdings auch nicht, schön und dumm zu sein, weder für den Mann noch für die Frau! Außerdem gibt es eine Unmenge Leute, Männer wie Frauen, die einen häßlichen Menschen auch körperlich begehren, für die das kein Hindernisgrund ist ...

B.-H. L. Da haben Sie recht.

F. G. Haben Sie schon einmal eine häßliche Frau geliebt?

B.-H. L. Geliebt ..., na ja ...

F. G. Begehrt?

B.-H. L. O ja.

F. G. Wie war das möglich?

B.-H. L. Das wissen wir doch alle: Die Begierde ist eine komische Sache. Da erregt einen plötzlich eine Stimme, eine Gestalt, eine Art, zu lächeln, manchmal ein bloßer Name, ein Vorname, der Schwung der Hüften, ein Bild, ein Satz, den sie sagt, eine unerwartete Obszönität, die manchmal gar nicht so unbeabsichtigt ist. Und das Endergebnis, die Summe (oder die Subtraktion) von all dem kann durchaus eine Frau sein, die nach dem herrschenden Verhaltenskodex als Monster apostrophiert würde.

F. G. Als Monster? Teufel noch eins! So weit wäre ich gar nicht gegangen. Haben Sie schon mal ein Monster geliebt?

B.-H. L. Um mich geht es nicht. Ich will Ihnen ja nur verständlich machen, daß die Begierde (oder das Unbewußte) anders kalkuliert, nicht nach der Logik, wie gemeinhin vermutet wird. Schöne Frauen? Häßliche Frauen? Das ist ja gerade das Rätselhafte beim Begehren. Ein ganzer Komplex Fetischismus ... Man meint, eine Frau zu lieben. Dabei liebt man ein Stück Frau, ein Akzidens dieser Frau, ein Detail, eine Modulation. Diese Regel gilt übrigens auch im umgekehrten Sinne: die tatsächlich begehrte, begehrenswerte, gar liebenswerte Frau kann dies alles plötzlich nicht mehr sein wegen eines Wortes, einer Geste, eines erstmals entdeckten Details.

F. G. Natürlich, denn das Verlangen ist ebenso anfällig, wie es überwältigend sein kann.

B.-H. L. Mir fällt da eine Geschichte ein. Nennen wir ihn »X«, den Freund, dem sie zustieß. Es ist fünfzehn oder sechzehn Jahre her. Er ist bei seiner Geliebten, auf der anglonormannischen Insel Chausey. Ein Freund kommt zu Besuch, mit dem er schon so manches »tolle Ding gedreht« hat. Dieser bringt eine Frau mit, die zwar älter, aber ausnehmend schön ist. X ist fasziniert von ihr. Er muß sich eingestehen, daß sie ihm – leider – weitaus lieber wäre als seine eigene Partnerin, die hier zudem noch Gastgeberin ist. Man ißt zu Abend. Wechselt Blicke. Gibt sich Zeichen. Zeigt sich nicht abgeneigt. Verhaltene Andeutungen. Begehren, das Stund um Stund heftiger wird. X verzweifelt schier, denn nun kommt die Nacht. Und da zieht sich jedes Paar in sein Zimmer zurück. Nach einer gewissen Zeit, nachdem die Partnerin eingeschlafen ist, kommt der unwiderstehliche Drang, doch mal nachzusehen in dem anderen Zimmer, ob man geträumt hat, oder ob »die andere« tatsächlich bereit ist, ihre Versprechungen wahrzumachen. Die weiteren Einzelheiten sind unwichtig. Nur: er geht tatsächlich hin, sieht sie: da steht sie, völlig nackt, an einen mächtigen Kamin gelehnt – und der andere Mann streichelt sie; sie sieht sein Zögern (ungehörig, diese Situation, letzter und verspäteter Skrupel gegenüber seiner eigenen Partnerin, die auch ihrer aller Gastgeberin ist), doch da winkt sie ihn heran und spricht – während der andere, der so tut, als hätte er nichts gemerkt, es ihr weiter besorgt – einen einzigen Satz, einen einzigen nur, der aber ausreicht, daß er sie schlagartig nicht mehr begehrt und nie mehr, wo immer er sie auch wiedersehen mag, von Erinnerung oder gar Wehmut geplagt wird. Dieser Satz, der nur gehaucht wurde, aber vermutlich aufreizend klingen sollte, besagte: »Na, komm schon! komm doch her! hier kannst du ein Schnäppchen machen.« So erschreckend ist er gar nicht, dieser Satz, werden Sie einwenden. Aber für X war er erschreckend. Denn dieses Vulgäre, dieses »Teppichhändlerische«, das weder zur Intensität seiner Erwartung noch zu diesem herrlichen Körper paßte, eröffnete ihm urplötzlich eine Welt, die er nie und nimmer vermutet hätte und die doch unverkennbar die Welt dieser Frau war. Ein Wort. Ein paar Wörter nur. Und alles war zerstört. Das Begehren wie weggeblasen. Das nenne ich Fetischismus in Umkehrung.

F. G. Das war ja noch ein Glück, daß sie diesen Satz »vorher« und nicht »nachher« sagte. So hat sie Ihrem X doch wenigstens erspart, über sich selbst erröten zu müssen.

B.-H. L. Wieso erröten?

F. G. Weil er »ein Schnäppchen« begehrt hatte ...

B.-H. L. X errötete niemals. Er wurde höchstens bleich ...

F. G. Jemanden zu begehren, ist auch nie Grund zur Scham ...
Das kann kein Mensch steuern. Begriffe wie gut und
böse sind da nicht anwendbar ...

B.-H. L. Ich weiß gar nicht mehr, warum ich diese Geschichte
eigentlich erzählt habe.

F. G. Wir sprachen über die Häßlichkeit.

B.-H. L. Ach ja. Über das Verführerische in der Häßlichkeit. Das
Verblüffende, Paradoxe, Unwägbare im sinnlichen Begehren – und eines dieser Paradoxa ist der manchmal
unwiderstehliche Reiz der Häßlichen ...

F. G. Wollen wir mal versuchen, herauszufinden, wie das
funktioniert? was da passiert?

B.-H. L. Oh! das ist schwierig.

F. G. Versuchen wir's doch!

B.-H. L. Zunächst einmal ist da ein Teil Masochismus: Ekel vor
sich selbst, krankhafte Selbstbespiegelung, umgekehrter
Narzißmus usw. Ein Teil Sadismus: man sagt einem unschönen Wesen »Du hast auch etwas Schönes an dir! ich
werde es dir enthüllen!« Und dazu kommt eine Art
sportlicher Ehrgeiz: denn entgegen der landläufigen Meinung ist es weitaus schwieriger, eine Häßliche zu verführen, als eine Schöne.

F. G. Tatsächlich?

B.-H. L. Die Schöne ist daran gewöhnt. Sie ist gerissen. Kennt
das Spiel. Sie weiß, welche Fäden gezogen werden und
wie das Ritual abläuft. Und da weiß man dann auch
recht schnell, ob die Chose klappen wird oder nicht.
Aber ein häßliches Mädchen ... Die ist ja so verwirrt ...
Die ist ja ganz erstaunt, was da plötzlich passiert ... Zu-

nächst einmal ist sie mißtrauisch ... Ungläubig ... Sie vermutet Hintergedanken, daß man sich über sie lustig machen will ... Und dann, wenn sie begriffen hat, wenn sie weiß, daß man's ernst meint und auch das Spiel ernst wird, dann wird ihr plötzlich klar, daß sie ja die Regeln gar nicht kennt und auch nicht die Codewörter ...

F. G. Häßlichkeit also als Rauschmittel, weil sie dem Verführer mehr Künste abverlangt ... Daran habe ich noch nie gedacht.

B.-H. L. Elementar, liebste Françoise!

F. G. Plausibel, immerhin. Absolut plausibel ...

B.-H. L. Von den »Komplexen«, wie man so sagt, gar nicht zu reden ... Dieser Körper, den sie nur zu gut kennt ... Die zu breiten Hüften ... Der schlaffe Busen ... Sie hat doch gar nichts zu bieten, und das wußte bisher nur sie, und jetzt soll sie das zeigen, einem anderen enthüllen ... Begehrt sie ihn denn nicht? Will sie denn vielleicht nicht, sie kann es doch kaum mehr erwarten, all ihre Skrupel über den Haufen zu werfen, oder etwa nicht? Doch so stark ist das Begehren nicht, es ist kein Sog, der dazu führt, daß sie alles über den Haufen werfen würde. Und daher meine Behauptung, daß es oft viel schwieriger ist, eine Frau »rumzukriegen«, die sonst am Rande steht, als eine, die allen Normen und Regeln entspricht.

F. G. Typisches Männerverhalten. Das Gegenteil stimmt nämlich nicht. Es ist viel schwieriger, einen gutaussehenden Mann oder – genauer gesagt – einen, der es gewohnt ist, alle Blicke auf sich zu ziehen, »rumzukriegen«, als einen, den die Frauen, weil er so unattraktiv ist, ohnehin links liegen lassen. Der schmilzt dahin.

B.-H. L. »Männerverhalten«, ich weiß nicht so recht ...

F. G. Doch, doch, das ist Männerverhalten ...

B.-H. L. Ich würde zum Vergleich eher diese Libertins des 18. Jahrhunderts heranziehen, denen das gefahrvollste, das riskanteste Abenteuer gerade gut genug war – nämlich, eine »Kokette« zu verführen.

F. G. »Sie aufs Kreuz zu legen«, wie man sagte. Auf der einen Seite die »Prüden« – das heißt: die Vorsichtigen, die Scheuen. Und auf der anderen die »Koketten« – die augenscheinlich leichter zu erobern waren. Dabei war das Gegenteil richtig, nicht wahr? Die Kokette »aufs Kreuz zu legen«, war das Schwerste.

B.-H. L. Ja. Im Grunde könnte man behaupten, daß es in unserem Jahrhundert keine »Koketten« mehr gibt. Und daß es für den Libertin von heute ein Heldenstück wäre, eine »graue Maus« zu verführen.

F. G. Genau das.

B.-H. L. Doch da kommt noch etwas hinzu. Für X war es quasi ein moralischer Imperativ, seine »grauen Mäuschen« nicht zu verstecken. Im Gegenteil: sich dem zu stellen. Sie wie Göttinnen zu behandeln. Eigentlich liebte er auffallend hübsche Frauen. War er aber per Zufall in eine häßliche »verschossen«, dann war es für ihn Ehrensache, das Spiel bis zum Ende durchzuhalten.

F. G. Die Geschichte mit dem »Schnäppchen« hätte auch einer Frau passieren können, wobei auch ihr »alles vergangen« wäre. Und dennoch scheint mir ein Unterschied zu bestehen in den Spielregeln. Die Frauen wollen zwar auch sicher sein: wenn ich wollte, dann könnte ich. Aber sie beanspruchen nicht unbedingt die »Kriegsbeute«. Zumindest nicht immer.

B.-H. L. Die Männer auch nicht.

F. G. Denken Sie nur an Baudelaire: »O du, die ich geliebt hätte, o du, die es auch wußte ...« Ein Mann kann ein schöner Traum bleiben, dem man nachtrauert. Doch ich kann mir nur schwerlich vorstellen, daß ein Eroberer darauf verzichten würde, nach langem Verführungsspiel den Gewinn einzustreichen. Wie die Frauen auch liebend gerne tanzen, weil sie dabei Begehren wecken. Die meisten Männer tanzen ja höchst ungern: ihr Begehren wird geweckt, aber nicht gestillt, und das macht sie rasend. Oder sollte ich mich irren?

B.-H. L. Das kommt darauf an. Ich kann mir durchaus vorstellen, daß es bei manchen Männern so abläuft. Verführung – und »auf der Strecke bleiben«. Spielerei. Da wird etwas vorgegaukelt, man verlangt danach – flimmernde Fata Morgana. Aber darauf werden wir noch zurückkommen. Ich möchte das Thema Häßlichkeit, das wir begonnen haben, noch nicht fallenlassen.

F. G. Was gibt es da groß zu entdecken? Daß es ungerecht zugeht auf der Welt? Daß Gott Panther und Ratte, Rose und Brennessel, Flieder und Löwenzahn geschaffen hat? Jetzt werden Sie einwenden, der Löwenzahn wisse ja nicht, daß er als verächtlich gilt. Aber häßliche Menschen, wenn sie wirklich häßlich sind, leiden darunter, und das ist in der Tat ein Skandal.

B.-H. L. Nicht nur ein Skandal ... Auch nicht nur, daß sie leiden ... Die Frage ist eher, ob Häßlichkeit in unserer Gesellschaft nicht schon fast oberstes Verbot wird. Romain Gary sagte das immer schon. Seiner Meinung nach leben wir nicht in Konsum-, sondern in Provokationsgesellschaften. Und er fügte hinzu, Häßlichkeit sei die inakzeptabelste aller Provokationen.

F. G. Nicht auf dem Felde des Begehrens scheint diese Ungleichheit mir am schlimmsten, denn es gibt viele häßliche Männer und Frauen, die geliebt werden – zum

Glück! »Schön ist nicht schön, Gefallen macht schön«, sagt das Sprichwort … Mir geht es um den sozialen Aspekt. Die Ächtung, wenn man eine Arbeit sucht und nicht das »nötige Auftreten« hat, beispielsweise. Oder die Grausamkeit von Kindern einem häßlichen Wesen gegenüber. Oder diese freiwillige Kasteiung von Frauen – und inzwischen auch von vielen Männern –, um nur ja abzunehmen, weil die Gesellschaft intolerant ist gegenüber Dicken, und es andere gibt, die sich ungestraft mit Schokolade vollfressen können …

B.-H. L. Das ist *aber auch* der Bereich des Begehrens. Denn Sie wissen doch genausogut wie ich, daß letztlich alles darauf hinausläuft. Die Männer, die Frauen, sie machen sich doch alle etwas vor: in Wirklichkeit denken sie alle nur an das eine!

F. G. Gewiß. Aber wie heißt es, wenn die Zähne strahlend weiß und makellos sind, wenn der Körper schlank und rank, die Haut rein und das Haar glänzend ist, wie es der Schönheitskodex verlangt? Dann heißt es doch, man sei gepflegt, diszipliniert, man wisse sich zu »verkaufen«, man ließe sich eben nicht gehen … Und eine solche Redeweise darf man nicht außer acht lassen, denn sie bezieht sich auf weit mehr als bloße Schönheit, die im übrigen höchst selten ist.

B.-H. L. Ich sagte ja: das oberste *Verbot*. Und damit meine ich, daß wir in einer Zeit leben, in der Häßlichkeit zu den fundamentalen Tabus gehört. Erst war es der Sex: das ist längst kein Tabu mehr. Dann der Tod: wird auch mehr und mehr enttabuisiert (man denke nur an Hervé Guibert und den Film vom vorigen Jahr, in dem er seine letzten Augenblicke festhalten ließ). Nun also ist die Häßlichkeit tabu. Der Anblick von Häßlichkeit. Das Bild eines unschönen Körpers, den – und ich wiederhole es – unsere Gesellschaft mit ihren Sehgewohnheiten als nicht mehr zumutbar empfindet.

F. G. Sie vergessen, daß im Mittelalter die Häßlichen als Kinder des Teufels galten. Wir haben nichts erfunden ...

B.-H. L. Hören wir uns um. Beobachten wir. Nehmen wir doch nur einmal die Sprache der Werbung und der Kaufleute. Ich rede nicht nur von diesen Slogans: weiße Zähne, gebräunte Körper, dem Schönheits- und Gesundheitsdiktat (obwohl viel zu sagen wäre zu dieser neuen »Hygiene-Manie«). Viel verwirrender ist doch, daß wir in Gesellschaften leben, wo alles gesagt, alles gezeigt werden darf, wo mit allem gehandelt, alles zur Schau gestellt wird – fast alles, wo aber eine Grenze gezogen wird: das Häßliche.

F. G. Ein bißchen komplizierter ist es schon. Im Fernsehen, unserem Schaufenster, sehen wir Häßliche, mehr als genug. Ich will keine Namen nennen, um niemanden zu verletzen, aber von unseren Journalisten, beispielsweise, kann man ja wohl kaum sagen, jeder sei ein Adonis! Männern sieht man alles nach: Fettleibigkeit, Falten, beginnenden Haarausfall ... Und in der Werbung zeigt man uns Männer aller Art. Aber bei Frauen ist das ganz anders. Da gibt es ein Tabu. Eine Frau *muß hübsch sein,* oder zumindest angenehm anzuschauen. Im ersten Programm gibt es eine fabelhafte Journalistin, deren Stimme man häufig hört, die aber fast nie ins Bild kommt, weil sie nämlich dick ist, zu dick.

B.-H. L. An dieser Ächtung sind wir alle nicht ganz unschuldig. Sie selbst ...

F. G. Ja, ich gebe zu, daß ich mir auch lieber schlanke hübsche Frauen mit seidigem Haar anschaue. Das Tabu Häßlich-

43

keit hält sich hartnäckig, aber erst das Tabu Alter ... Und doch habe ich den Eindruck, daß gerade das Fernsehen die Tendenz zeigt, dies ein wenig abzubauen. Die Journalistinnen sind zwar sehr charmant, sie werden auch immer zahlreicher, aber Pin-up-Girls sind sie nicht, und wenn sie dort arbeiten, manchmal unter sehr harten Bedingungen, sind sie nicht toll frisiert, lackiert, herausstaffiert. Das Bild, das sie von sich geben, unterscheidet sich von diesem obskuren Idealmodell, dem man gleichen müßte. Und das ist positiv. Das weist in die richtige Richtung.

B.-H. L. Im Mai 68 – oder später, ich weiß es nicht mehr so recht – gab es eine Zeitung, deren Parole lautete: »Freiheit für die Häßlichen.« Das war natürlich idiotisch. Terror, im höchsten Maße. Das hieß ja, grosso modo, Häßlichkeit sei ein bürgerlicher Begriff, stamme aus der kapitalistischen Ideologie, von dem man sich folglich unter allen Umständen zu lösen hätte. Und wie? Indem man den Häßlichen den Vorzug gab. Ja, doch, man sollte es sich methodisch antrainieren, häßliche Frauen oder Männer zu begehren. Für den echten, den militanten Revolutionär sollte dies ein Imperativ sein, so absolut beispielsweise wie der gegen die Fließbandarbeit. Das Ganze war idiotisch. Aber in dieser Idiotie steckte eine Intuition, die nicht dumm war: daß mit dem Motiv Häßlichkeit ja leider immer noch eine Teilung vorgenommen wird – und die ist entscheidend und weniger relativ, als man vorgibt.

F. G. Sie meinen die Auflehnung, angesichts der fundamentalen Ungleichheit der menschlichen Wesen, selbst wenn – hypothetisch – alle sozialen Ungleichheiten aufgehoben wären ... Ich kann mich nur wiederholen: Diesen Vorwurf muß man an Gott richten … Nochmals Stendhal: »Gott hat nur die eine Entschuldigung: daß es ihn nicht gibt.«

B.-H. L. Wie Mirabeau, von Blattern entstellt, der gegen den Himmel – oder das, was er dafür hielt – wetterte und ihn beschuldigte, ihn so häßlich, plump, monströs gemacht und ihm gleichzeitig eine empfindsame, ja sogar betörende, liebevolle Seele verliehen zu haben. Gott sei verflucht, brüllte er, warum nur warf er die Seele des Alcibiades in den Körper eines Philoktet?! Das ist die absolute Verdammnis. Die schlimmste Demütigung. Meine Gefühle, meine Leidenschaften, meine Gemütsbewegungen sind die eines wohlgestalteten Mannes, und darbieten soll sie ein so abstoßender Körper … Ähnliches dürfte sich bei Stendhal finden lassen, oder?

F. G. Ja, hier und da sagt er, daß er sich selbst nicht leiden kann, sich häßlich findet, aber nicht mit der gleichen Heftigkeit. Mirabeau war ja anscheinend wirklich abstoßend. Aber schließlich … Wer ist denn schon mit seinem Äußeren rundum zufrieden? Selbst die hübschesten Frauen haben ein ausgeprägtes Gespür für ihre Mängel und reden sich ein, jedermann starre nur auf diesen oder jenen kleinen Makel, der ihnen selbst enorm erscheint … Ausgenommen davon sind nur einige wenige, die wahnsinnig verliebt sind in ihr eigenes Bild. Die meisten Menschen fühlen sich nicht wohl in ihrer Haut, daher müssen sie sich immer wieder Gewißheit holen, testen, ob sie noch verführerisch wirken.

B.-H. L. Und Sie? Mögen Sie sich?

F. G. Nein. Es widert mich natürlich an, zu sehen, wie ich alt werde. Auch das ist häßlich. Doch ich habe vor einigen Jahren eine erfolgreiche Analyse absolviert. Und dabei gelernt, im Einverständnis mit mir selbst zu leben ... Soweit das möglich ist.

B.-H. L. Für meinen ersten Roman hatte ich einen Verführer erfunden, einen Anfänger, für den das Tollste natürlich die Eroberung war. Er dachte sich folgendes: In diesem Bewegungskrieg, der solch eine Eroberung ja ist, in dieser Umzingelungsstrategie, die er ja ständig entfalten muß und bei der es zunächst einmal gilt, die Beute zu verwirren, käme es in erster Linie darauf an, die Stelle zu entdecken, wo der andere anfällig ist, diese winzige und reizvolle »wunde Stelle«, die ja auch ein Fehler in der Panzerung ist, wie Sie mir zugestehen werden. Hat man diesen Mangel erst einmal entdeckt, ist die Schlacht so gut wie gewonnen. Denn *eine* wunde Stelle gibt es immer. Der Narzißmus der Frau ist eben doch grenzenlos.

F. G. Er ist in der Tat recht verbreitet, doch in höchst unterschiedlichem Maße. Es gibt Frauen, die sich stundenlang betrachten können, sich schön machen, sich auf Hochglanz bringen, sich parfümieren, frisieren, sich in der Sonne bräunen, erst das eine, dann das andere Kleid anprobieren, wirklich stundenlang ... Und das sind nur die harmlosesten Ausprägungen des Narzißmus. Aber auch Männer sind davon nicht ausgenommen, selbst wenn es bei ihnen nicht so offenkundig, weniger an den Körper gekoppelt ist ... Obwohl es mich immer wieder erstaunt, daß die Männer von heute die gleiche panische Angst haben, zu altern, wie die Frauen.

B.-H. L. Finden Sie? Ich möchte am liebsten so schnell wie möglich altern ...

F. G. Aber gewiß. Es wird nur erst etwas später deutlich. Sagen wir: nachdem sie die Fünfzig überschritten haben ...

Ihr Bestreben ist doch, um Gottes willen keinen Bauch zu bekommen!

B.-H. L. Ich kann das schwer beurteilen, habe jedoch den Eindruck, daß das Problem des Alterns die fundamentale Ungleichheit ausmacht bei Mann und Frau ...

F. G. Wenn Sie damit meinen, daß eine Frau, die dasselbe Alter hat wie ein Mann, immer älter wirkt, dann haben Sie recht. Doch im Gegensatz zur landläufigen Meinung bin ich überzeugt, daß die Frauen es besser verkraften als die Männer.

B.-H. L. Daß sie es verkraften, ist eine andere Frage. Wie die anderen sie sehen, ist entscheidend. Und dieser Blick ist für alternde Frauen schrecklich.

F. G. Der eigene Blick ist schon schlimm genug, wenn man älter wird. Als jemand gegenüber Coco Chanel seiner Verwunderung Ausdruck gab, daß sie, die berühmte, reiche Frau im Alter keine Männer mehr um sich habe, sagte sie diesen schrecklichen Satz: »Ein alter Mann ... Ein Greuel! Ein junger Mann ... Eine Schande!«

B.-H. L. Bei diesem Thema Schönheit, Häßlichkeit usw. müssen wir eines noch sagen: Wir Menschen sind befähigt, unser Gesicht und unseren Körper zu dressieren, zu domestizieren, im Zaum zu halten. Das meint ja auch der berühmte Satz: »Hat man (Mann oder Frau) die Vierzig erst einmal hinter sich, trägt man die Verantwortung für sein Gesicht« ...

F. G. Ich glaube, er stammt von Degas, der wörtlich sagt: »A partir de quarante ans, on a la gueule qu'on mérite.«

B.-H. L. Wer das gesagt hat, ist nicht wichtig. Der Gedanke ist, daß man sich an sein Gesicht gewöhnt; indem man sich daran gewöhnt, prägt man es; selbst wenn man es umprägt; und wenig Häßliches widersteht dieser Umprägung. Ist es nicht für so manche Frau schmeichelhaft, wenn bei ihrem Anblick festgestellt wird: »Sieh einer an! Die sieht besser aus als früher, sie ist hübscher geworden mit zunehmendem Alter ...«?

F. G. Der Körper läßt sich domestizieren, das Gesicht aber nicht, selbst wenn man es liften oder die Nase modellieren läßt ... Im Gesicht spiegelt sich der Anteil des Göttlichen in uns ..., der andere natürlich auch, den Jugend und Anmut verschleiert hatten. Doch sobald diese schwinden, prägt sich alles ein, bald entstehen Furchen. Ich kenne keine Landschaft, die einem von innen her ausgeleuchteten und modellierten Gesicht ebenbürtig wäre. Nein, das Gesicht läßt sich nicht domestizieren. Man trägt es mit sich herum. Und erträgt es, wohl oder übel.

B.-H. L. Von Liftings und anderen Schönheitskorrekturen spreche ich nicht, sondern von der Partie, die wir mit dem Teil unserer selbst spielen – ob göttlich oder nicht –, den wir Gesicht nennen. Man trägt es und erträgt es, das ist klar. Und doch ist es nicht zwangsläufig so, nicht unbedingt. Es gibt Gesichter, die sich eben nicht tolerieren lassen. Oder nicht zum übrigen Körper passen. Oder die unstimmig sind, mit der Stimme beispielsweise nicht harmonieren.

F. G. In denen etwas »schief« ist?

B.-H. L. Ja, irgendwie ... Wenn in demselben Gesicht einzelne Züge – der Schwung der Augenbraue, das Lächeln, der Blick, oder sonst etwas – »auf Kriegsfuß« mit den anderen zu stehen scheint. Das ist dann ein Krieg. Da ist Widerstand. Sein Leben lang wird man versuchen, diese auseinanderdriftenden Teile irgendwie zusammenzuzwingen. Ich gebe zu, das wird mißlingen. Und die, die alles daransetzen, ihre »Schnauze« zurechtzubiegen, werden vermutlich am ärgsten an der Nase herumgeführt (nehmen wir nur die Ticks von Malraux, diesem glasklaren und auf Selbstbeherrschung bedachten Kopf). Aber im Grunde ist es doch das: ich meine, um mit Lévinas zu sprechen, daß es eben *auch* zum Menschen gehört, daß er diesen merkwürdigen Kampf ausficht, sein eigenes Gesicht zu beherrschen, zu besiegen, zu bändigen. Und wenn man Glück hat, sieht es dann doch etwas weniger abstoßend – oder merkwürdig aus. Es ist nicht mehr dieser Auswuchs oder dieses rebellische Ding. Muß ich noch hinzufügen, daß ich damit in keiner Weise etwas gegen die unbestreitbare Schönheit eines von innen her ausgeleuchteten und vom Alter modellierten Gesichts gesagt habe?

F. G. Kurios, diesen inneren Kampf, diese Unstimmigkeit mit sich selbst kann ich nicht nachempfinden, wenn ich auch manchmal den Eindruck habe, mein Gesicht »geprägt« zu haben. Aber Sie haben vermutlich recht, denn dieser Kampf gehört zum nie befriedigten Streben des Menschen nach Harmonie. Einklang mit sich selbst und den anderen.

B.-H. L. Jetzt muß ich Ihnen sagen, daß ich es in diesem großen Rahmen nicht sah! Zumal ich, ehrlich gesagt, den Mißklang durchaus schätze. Auch die Grimassen. Die echten Grimassen. Die – um mit Baudelaire zu sprechen – herausfordern sollen. Sehen wir uns morgen wieder?

3 Über die Liebe
als Gefühl, über das
man nicht spricht

F. G. Heute würde ich gerne über die Liebe sprechen. Nicht über das Begehren, nicht über Sexualität. Über die Liebe. Die Liebe als Gefühl.

B.-H. L. Oho? Glauben Sie, daß man das so sagen, die Dinge so trennen kann?

F. G. Man kann doch Sexualität vom Gefühl trennen! Man kann doch mit aller Leidenschaft platonisch lieben. Was machen Sie denn sonst mit der portugiesischen Nonne? mit der Prinzessin von Cleve?

B.-H. L. Stimmt, »Sex« haben wir nicht in der *Prinzessin von Clèves*. Zumindest nicht explizit. Aber, steckt wirklich keinerlei Sexualität darin, vielleicht in anderer Form? vielleicht nur anders umgesetzt? empfindet die Heldin des Romans beispielsweise für ihren Nemours nicht höchstes Verlangen – ist das etwa kein physisches Begehren? Das klingt, als wollte man behaupten, die großen Mystikerinnen seien nur »Seelchen« gewesen, abgehoben von allem, was den Körper erregt. Oder sind Berninis »Ekstasen« vielleicht nicht herausmodellierte Erotik? Jeder soll auf seine Fasson selig werden, nicht wahr? Ich persönlich glaube nicht an platonische Liebe.

F. G. Ich will Sie damit auch nicht plagen. Natürlich ist alles erotisch, auch der Mystizismus. Aber dennoch gibt es doch etwas, das man Gefühl nennt, oder etwa nicht? wo sich etwas anderes ausdrückt als ein sich bemerkbar machendes Sexualorgan? etwas, das bei denen, die – verzeihen Sie meine Ausdrucksweise, aber Sie zwingen mich dazu – nur »gut bumsen«, wohl nicht im Spiel ist. Davon möchte ich sprechen – von diesem Gefühl.

B.-H. L. Darüber wurde schon viel gestritten. Das war ja auch der Streitpunkt zwischen den Surrealisten und Georges Bataille (wo ja fast alles zur Sprache kam, was überhaupt gesagt werden konnte zu diesem Thema). Die Surrealisten glauben an Ihre platonische Liebe. Sie glauben daran, weil sie »Idealisten« sind. Und wer Idealist ist, postuliert eine gewisse Autonomie der Gefühle, spricht ihnen eine eigene Sphäre zu, einen Bewegungsraum, in dem fleischliche Begierde folglich überhöht werden kann. Bataille antwortet ihnen: »Lächerlich! Da gibt's keine Autonomie!« Keine Seele, die »sich erhebt« und über dem Körper schwebt! oder – genauer gesagt – doch: die Seele erhebt sich, reckt unablässig den Kopf, dem Himmel und der Sonne entgegen, aber ... da sind die Füße! (Bataille sagt »die große Zehe«, und der Text heißt auch »Die große Zehe«) Und diese Füße stecken im Schlamm, in Exkrementen, im absoluten Unrat. Und er folgert daraus: »Weil ich an einen Menschen glaube, der ein Hin und Her ist zwischen diesem Ideal und diesem Unrat, weil ich mir Gefühle, die von dieser Schicht Unrat in uns sich abzulösen vermöchten, nicht vorzustellen vermag, finde ich eure ganze Schwärmerei von dem Erhabenen, dem hehren Gefühl und im Grunde auch von eurer platonischen Liebe so unglaublich lächerlich.« Ich bin kein fanatischer Anhänger von Bataille. Auch nicht von der Schicht Unrat in der Liebe. Aber ich glaube doch, daß in diesem Disput *er* recht hatte ...

F. G. Könnte man es nicht einfacher sagen: die Menschen sind befähigt, ihre Triebe zu sublimieren? Was die Mystiker, um bei diesem Beispiel zu bleiben, ja tun … Man könnte es »idealisieren« nennen, aber der Begriff ist nicht ganz zutreffend und verfälscht die Sachlage. In der platonischen Liebe findet eine Sublimierung des Sexualtriebs statt. Und ich glaube hartnäckig, daß es so etwas gibt – wenn es auch heutzutage im Schwinden begriffen ist, weil der Sex so in den Vordergrund gerückt ist.

B.-H. L. Und ich glaube hartnäckig, daß platonische Liebe ein Witz ist. Liebe ist *niemals* platonisch. Man *kann* eine Frau nicht lieben, ohne nicht auch ihren Körper, und zwar heftig, zu begehren.

F. G. Ich glaube an die Macht »reiner« Gefühle, an ihre Fähigkeit, uns in Ekstase, in Verzweiflung und sämtliche dazwischenliegenden Stadien zu versetzen. Kurz gesagt: ich glaube an die Liebe, pardon. Ich glaube, daß es sie gibt, mit all ihrer herzergreifenden Innigkeit wie auch all ihrer Grausamkeit. Der Beweis ist doch schon, daß sie plötzlich wie weggeblasen sein kann und alles, was einen vorher betörte, plötzlich nur noch zu Gereiztheit Anlaß bietet. Die Glühbirne, die das Licht funkeln ließ, wird zu einem staubigen Stück Glas; wohingegen das Begehren anhalten kann … Pardon, ich sage es nochmals: die Liebe existiert.

B.-H. L. Sie brauchen sich nicht zu entschuldigen. Ich glaube ja auch daran.

F. G. Endlich einmal eine gute Nachricht!

B.-H. L. Wir sprechen nicht mehr über dasselbe! Zur platonischen Liebe sage ich nein, die Liebe als solche bejahe ich.

F. G. Was mich stutzig macht, ist die Tatsache, daß man über dieses Gefühl nicht mehr spricht. Es gibt keine Liebes-

lieder mehr, keine Liebesbriefe, keine Liebesromane ...
Wo ist Werther hingekommen? Wer würde denn, ohne
sich lächerlich zu machen, heute noch schreiben: »Sie
liebt mich! sie liebt mich! Es brennt noch auf meinen
Lippen das heilige Feuer, das von den deinigen strömte,
neue, warme Wonne ist in meinem Herzen ...«

B.-H. L. Kein Mensch ... Zum Glück!

F. G. Sehen Sie! Und ich bin nicht einmal sicher, daß man in
trauter Zweisamkeit noch die ganz simplen, zärtlichen
Worte der Liebe auszusprechen wagt ...

B.-H. L. Da gehen Sie vielleicht doch etwas zu weit.

F. G. Es sieht doch so aus, als habe man keine Worte mehr für
das Gefühl Liebe, als seien sie verdrängt, tabuisiert, man
könnte meinen, es handele sich dabei um etwas Obszö-
nes, wie man früher ja Sexualität nicht zu benennen
wagte. Das Obszöne wurde verschoben – wie Roland
Barthes deutlich macht – vom Sexual- in den Gefühlsbe-
reich. Das Wort Sexualität ist in aller Munde, man sagt
völlig gelassen von einem Mann, er habe »Probleme mit
seiner Sexualität«, aber man würde sich ja eher die Zunge
abbeißen, als zu sagen: »Er ist unglücklich, weil er liebt
und keine Gegenliebe findet« ... Die eklatante Schamlosigkeit in bezug auf alles Körperliche wird merkwürdig
überlagert von Schamhaftigkeit in bezug auf die Wörter.
Wie erklärt sich dieses Phänomen?

B.-H. L. Ich frage nochmals: Sind Sie überzeugt von dem, was Sie
sagen? Ich weiß, daß das Barthes' These war. Und das
traf wohl auch zu, als Barthes es so formulierte. Wir
dürfen aber doch auch nicht vergessen, daß das mehr als
fünfzehn Jahre zurückliegt. Das war die Zeit der Sexbesessenheit. Sex und nochmals Sex! Damals sagte man ja
fast mit dem gleichen Tonfall wie »Alles ist politisch«

(und vielleicht war der Sinn sogar derselbe) – »Alles ist sexuell«. Und Barthes' *Fragmente einer Sprache der Liebe* waren in der Tat eine willkommene Reaktion auf dieses Klima. Aber heute? Sind wir nicht schon einen Schritt weiter? Ist nicht schon ein Epochenwandel eingetreten?

F. G. In dieser Hinsicht schon. Die Periode »libidinaler Emanzipation«, wie Lipovetski in seiner *Le Crépuscule du devoir* sagt, ging zu Ende, als ein freies Sexualleben als rechtmäßig anerkannt wurde. Jetzt gilt Keuschheit, Treue oder Enthaltsamkeit nicht mehr als altmodisch. Aber das ist schon wieder so etwas wie Selbstschutz, ein Sich-Abkapseln.

B.-H. L. Egal, ob »Selbstschutz« oder nicht, das ist der Punkt, an dem wir heute stehen ...

F. G. Ja. Doch gleichzeitig floriert der Pornomarkt wie nie zuvor. Wissen Sie, daß in Deutschland die Hälfte der Pornokundschaft weiblich ist? Nein, ich glaube wirklich, daß wir das Minimalstadium der Sprache der Liebe erreicht haben. Und das völlige Fehlen von Liebesliedern, diese volkstümliche Ausdrucksweise einer Gesellschaft – ist das nicht signifikant?

B.-H. L. Nein, das glaube ich nicht.

F. G. Wer wagt denn noch zuzugeben, daß er eifersüchtig ist, um nur ein Beispiel zu nennen? Eifersucht ist Schnee von gestern. Wer würde noch reimen »Ich liebe dich – ewiglich«? Selbst wenn Liebe auf Dauer angelegt ist, wenn die Beglückung so groß ist, daß man insgeheim denkt, ja natürlich ist es diesmal für immer, auch dann, glaube ich, wird niemand es mehr in Worte fassen und ganz simpel sagen »Ich liebe dich«.

B.-H. L. Auf die Eifersucht müssen wir noch zurückkommen. Sie ist ein Thema für sich. Das mit der »Dauer« ebenfalls.

Was mich im Augenblick umtreibt, ist Ihre Charakterisierung einer von Sexbesessenheit ausgehöhlten Gesellschaft, in der kein Platz mehr sein soll für Worte der Liebe. Komisch – aber ich habe wirklich den gegenteiligen Eindruck.

F. G. Dabei ...

B.-H. L. Es stimmt schon, das Wort Liebe war mit einem Verbot behaftet, »Schamhaftigkeit in bezug auf die Wörter«, wie Sie sagten. Aber ich glaube schon, daß eine Reaktion erfolgte und das Ganze jetzt in die umgekehrte Richtung läuft. Was sagten Sie noch? in Deutschland seien die Frauen die Pornokunden? Mag sein. Das einzige, was ich weiß, ist, daß eine Stadt wie Paris sich in den letzten zwanzig Jahren gewandelt hat. Da gab es früher Nachtclubs, Absteigen, Stundenhotels, deren Adressen man sich zusteckte. Ganze Stadtviertel waren dem sexuellen Vergnügen reserviert. Das ist zwar nicht ganz verschwunden, aber weitaus weniger gefragt als früher. Weniger verrucht. Als sei man plötzlich braver geworden, unendlich sittsam – vor dem Hintergrund eines allgemein unglaublich verminderten erotischen Potentials, dem sich als Korrelat auch noch eine Rückkehr zum Elegischen beigesellt.

F. G. Unsinn!

B.-H. L. Aber ja doch! Sie sprachen von den Chansons. Zugegeben, davon verstehe ich nicht allzu viel. Und ich fürchte, Unsinn zu reden, wenn ich Ihnen erwidere, daß meiner Meinung nach das Liebeslied wieder hochkommt. Aber nehmen wir die Literatur. Oder die Trivialliteratur – weil sie häufig signifikanter ist. Lassen wir auch hier die Etikettierung. Sie wissen, was ich meine. All diese »Prinzessinnen von Clèves« für kleine Leute. All diese »galanten

Romane« der Neuzeit. Das trieft von Gefühl. Auf jeder Seite steht »Ich liebe dich«. Überall Schnutzi-Putzi! Schleimig-süßlich. Fast schon debil. Oder die Filme. Wir waren beide gleicherweise im Filmgeschäft tätig. Hatten Sie da nicht auch den Eindruck, daß das Gefühlvolle wieder Oberhand gewann – erst Sonnenfinsternis, und dann plötzlich ein Feuerwerk ...?

F. G. Man braucht kein Chanson-Spezialist zu sein ... Es genügt, das Radio aufzudrehen ... Woher nehmen Sie bloß die Behauptung, das Liebeslied komme wieder? Kürzlich sagte noch Julien Clerc: »Es ist Ehrensache, daß in einem Chanson ›Ich liebe dich‹ nie vorkommt!« Und die Trivialliteratur ... Da gibt es zwar noch Schnulziges, Gefühlsduselei, die wohl auch Abnehmer findet. Aber welche Altersklasse ist das? Und ausschließlich Frauen. Und das Kino. Wo ist denn der große Liebesfilm des Jahres? der letzten Jahre? Und wenn denn einer gemacht wird, dann werden Sie sehen, daß ein historischer Schinken, in Kostümen, dabei herauskommt! Ich sage ja nicht, daß Liebe in dem, was geschrieben oder gedreht wird, nicht mehr vorkommt. Ich behaupte, daß man sie nicht mehr in Worte faßt, als müsse man sich ihrer schämen, als sei es Schwäche, starke Gefühle zu empfinden und sie auch zu zeigen.

B.-H. L. Das ist's. Und ich behaupte, daß das Rad sich gedreht hat und alles abläuft, als seien unsere Gesellschaften auf dem Wege, sich zurückzuziehen auf die gesicherten Gefühlswerte, nachdem sie der Sexwelle mitsamt dieser neuen Geißel überdrüssig geworden sind.

F. G. Ich weiß wirklich nicht, wo Sie einen Rückzug auf die gesicherten Gefühlswerte erkennen können. Würden Sie mir ein Beispiel geben?

B.-H. L. Aids. Ich habe es auch lange nicht wahrhaben wollen. All diese Umfragen, wieviel Jahre schon Aids? leben mit Aids, das neue Sexualverhalten usw. – das ging mir wahnsinnig auf die Nerven. Aber ich beginne zu glauben, daß dies ein Wendepunkt ist.

F. G. Ich sehe da noch einen anderen Punkt, der aber auch in Ihre Richtung zielt. Anstatt den Partner als quasi anonymes Konsumobjekt zu sehen, das man sich mal eben so »reinzieht«, wird seit Aids der Konsument sozusagen verpflichtet, sich Gedanken über seinen Partner zu machen: wer ist er? woher kommt er? könnte er sich angesteckt haben? Und so wird das Objekt wieder irgendwie zum Subjekt, zu einer Person. Und das ist entscheidend. Das ist in der Tat ein Wendepunkt, ein in gewisser Weise tragischer Wendepunkt, der sich aber unweigerlich auf das Liebesverhalten auswirken wird.

B.-H. L. Und das ist vermutlich der Ursprung dieser Bewegung, dieses Rückzugs, von dem ich sprach. Da ist wieder Angst im Spiel. Ein Verdacht. Furcht im Blick des anderen. Dieser Fluch, der umgeht. Die Körper werden suspekt. Man kann ihnen nicht trauen. Die Einsamkeit der einen, die Paranoia der anderen. Alle waren sie herangewachsen nach dem Lustprinzip, Freiheit war ihr Credo – und plötzlich schnappt die Falle zu. Die Liebenden haben ihre »Verhaltensweisen« geändert, sagt man ja wohl. Sie treffen »Vorsichtsmaßnahmen« ... Also wieder: »Vorsicht bei der Liebe« ... Ich fühle mich da nicht allzu sehr betroffen, wie ich schon sagte. Aber ich höre ja, was ringsum gesagt wird. Und da muß ich schon zugeben: die Regression ist enorm! Niemals in der Geschichte der Menschheit hat es einen solchen Rückschritt gegeben. Noch niemals hatte man so viele Träume – oder vielleicht Illusionen gehegt in bezug auf die Entfaltung des Körpers und seiner Begierden. Und daher gab's noch nie einen derartig brutalen Rückschlag, der wie ein Peitschenhieb zur Ordnung rief ...

F. G. Ja. Zwischen dem Aufkommen der Pille und dem von Aids lag so etwas wie eine Parenthese, und die war berauschend ... Plötzlich ist sie geschlossen, brutal. Ich fühle mich durchaus betroffen, da ich Enkel habe und um sie bange ... Drogen und Aids, und das eine führt zum anderen ... Ich zittere wirklich.

B.-H. L. Auch ich habe Kinder ..., die mir mehr bedeuten als alles andere. Aber ...

F. G. Wieso konnte in den Gärten der Freiheit diese giftige Blüte Aids heranwachsen? hat die Natur dieses Gift abgesondert, um die zu üppig wuchernde Population zu dezimieren? oder ist es eine Geißel des Himmels, zur Wiederherstellung der moralischen Ordnung, wie manche ja ohne zu zögern proklamieren? Vielleicht gibt es ja keine Antwort auf dieses Warum. Aber wenn wir eine brauchen, ist mir die erste sympathischer. Vor Aids gab es schon die Syphilis. Vielleicht weniger radikal, aber immerhin ... Doch sie hat die Menschen nie bewogen, ihre Begierden plötzlich wieder zu zügeln ...

B.-H. L. Ja. So radikal war das nicht, das stimmt. Es wurde auch so nicht wahrgenommen. Man assoziierte zwar auch Sexualität und Tod. Und Sünde. Und Verbrechen. Genau wie bei Aids bestand die Gefahr, sich bei der kleinsten Intimität zu besudeln, zu vergiften, zu töten. Doch ganz so schnell starb man nicht daran. Und man dachte vor allem, sie sei nicht tödlich. Nehmen wir nur Baudelaire. Seine Korrespondenz mit Poulet Malassis. Er glaubte an Heilung. Bis zum letzten Moment glaubte er daran. Dieses Ausweglose, dieses Todesurteil wie bei Aids wurde nicht gesehen.

F. G. Die Syphilis war nicht medienvermarktet, wie man heute sagt ... Man redete nicht darüber, man vertuschte sie. Doch welche Verheerungen, was für grauenvolle Tode ... Und obwohl es sie gab und das Ansteckungsrisiko immens war, hat sich, soweit man weiß, der »Sexkonsum« nicht im geringsten verändert. Wie ja auch die zehntausend Verkehrstoten pro Jahr auf den Straßen nicht abschreckend wirken. Trotz allem haben Sie in einem Punkt recht: *das Fatale* an Aids ist spektakulär. Wird es eine Umkehrung der Sitten nach sich ziehen? lähmenden Schrecken? etwas anderes eröffnen als einen neuen Markt für Kondome? Sie scheinen es zu glauben. Ich sehe noch keine Anzeichen. Im Augenblick sind die Sexkonsumenten vor allem wütend. Als habe man sie eines Rechts beraubt. Aber bei Zufallsbekanntschaften hat sich im Sexualverhalten bestimmt etwas geändert. Die Angst ist da. Vielleicht entsteht daraus tatsächlich ein neuer Puritanismus.

B.-H. L. Eines ist sicher, mit dem Thema – und dem Mythos – sexueller Unschuld ist's endgültig vorbei. »Geißel des Himmels«, sagten Sie? oder Rache der Natur? Weder das eine noch das andere. Aber Zeichen, oder Erinnerung an die fundamentale Wahrheit: Liebe kann etwas Fröhliches sein; Sinnlichkeit erfreulich; die Begegnung zweier Körper ein Fest für die Sinne und den Geist; doch bei jeder körperlichen Vereinigung bleibt diese Unheilsdimension. Ich weise Sie darauf hin, daß ich das vorgestern schon gesagt habe. Genau das. Und daran dachte ich auch, als ich so hartnäckig betonte: es gibt keine Liebe ohne Schuld.

F. G. Eines ist aber auch sicher, und darauf beharre ich: Von Ihrem neuen Puritanismus ist noch keine Spur zu erkennen. Puritanismus wird es in Frankreich ohnehin nie geben. Ich wage zu behaupten: zum Glück. Bei den sehr jungen Leuten läßt sich allerdings ein gewisser Abscheu, eine Ablehnung des »Sex um jeden Preis«, vielleicht ein Wiederaufkommen einer gewissen Selbstachtung und eine neue Feinfühligkeit erkennen. Das wäre die optimistische Hypothese. Die andere wäre, daß wir ein ... wie soll man sagen ... ein Nachlassen im Streben nach Lust erleben ... Ein Nachlassen, das übrigens nicht nur auf das sexuelle Begehren beschränkt ist, sondern alle Bereiche betrifft. Eine Art generalisierte Appetitlosigkeit. Mir scheint, so etwas bahnt sich an.

B.-H. L. Da sind wir ja mal einer Meinung! Das ist genau das, was ich sagte.

F. G. Kann ja mal vorkommen ...

B.-H. L. Ein Wort aber noch! Sie sagten: »Puritanismus wird es in Frankreich nie geben ...«

F. G. Ich erkläre kategorisch: Nie! Lassen Sie uns zumindest das.

B.-H. L. Darin kann ich Ihnen aber nicht folgen. Haben nicht auch wir unsere »viktorianische« Epoche gehabt?

F. G. Nichts Vergleichbares, nicht einmal im schwärzesten 19. Jahrhundert. Die Franzosen lieben das Leben.

B.-H. L. Da finde ich Sie wieder sehr optimistisch. Mac-Mahon ... L'ordre moral ... Sacré-Cœur ... Diese ganze Epoche, wo ...

F. G. Ich rede vom Puritanismus. Exakt vom Puritanismus. Und ich glaube, der ist unvereinbar mit dieser Freude an allem, was das Leben zu bieten hat, von der die Franzosen beseelt sind.

B.-H. L. Entschuldigen Sie, aber das ist nun wirklich ein Klischee. Ich sehe nicht, inwiefern »die« Franzosen alles, was das Leben zu bieten hat, anders goutieren als alle übrigen Menschen.

F. G. Das zeigt doch ihre Geschichte.

B.-H. L. Gut. Lassen wir's stehen. Wir können nicht eine Stunde lang darüber diskutieren. Sie fragten nach den großen Liebesfilmen der letzten Jahre. Meine Antwort: Alle – oder fast alle – waren Liebesfilme. *Die Liebenden vom Pont-Neuf* bis *Im Rausch der Tiefe*. Von Besson und Beineix bis Rochant. Von Rohmer ganz zu schweigen, der – wie Sie wissen – von nichts anderem redet – auch wenn er sich selbst auf eine ganz andere Ebene erhebt … Und die Amerikaner! Wenn sie einen erotischen Film machen, dann kommt *Basic Instinct* heraus, der erstens ein schlechter Film ist und zweitens einen Wirbel hervorruft.

F. G. *Die Liebenden vom Pont-Neuf*, die einzige wirkliche Liebesgeschichte bei allem, was Sie zitieren, ist ein Flop, *Basic Instinct* hingegen ein Renner, auch in Frankreich. Und die Leute strömen in *Der Liebhaber*, diesen Haute-Couture-Porno. Aber das ist ein anderes Thema. Und ich glaube nach wie vor, daß diese Art Sprachlosigkeit in bezug auf die Gefühle existiert, man sie nicht ausdrükken kann oder will. Ich frage mich dabei dies: Ist es nur ein Problem der Sprache, oder ist das »Gefühl Liebe« anämisch geworden? Ist die Leidenschaft versiegt? Wird diese Liebe von nun an nur mehr in Moll erlebt?

B.-H. L. Ein Film wie *Wilde Nächte* von Cyril Collard …

F. G. Da wird das Liebesgefühl tatsächlich in Worte gefaßt, sogar hinausgeschrien, aber in einem doch eher besonderen Kontext, in einem morbiden, »harten« Kontext: in Bisexualität …

B.-H. L. Es ist ein schöner Film.

F. G. Darum geht es nicht.

B.-H. L. Was *Basic Instinct* betrifft, so ist dieser Film meiner Ansicht nach kein Reinfall gewesen, aber er hat einen Skandal hervorgerufen. Und das zeugt – in den USA, aber auch bei uns – von einer Rückkehr des Puritanismus. Meine Überzeugung, mit anderen Worten ... na ja, Überzeugung –, wir erleben eine Rückbewegung, eine generalisierte Enterotisierung. Mit, da wir übers Kino reden, völlig symptomatischen Elementen.

F. G. Welche sind das?

B.-H. L. Der Körper, beispielsweise. Allein schon die Darstellung des Körpers. Ein Körper läßt sich so oder so darstellen: erotisch – oder hygienisch; ein wohlgenährter – ein muskulöser Körper, ein erregender Körper; ein gesunder Körper, der in Form ist, der jeden Morgen – wie man uns sagt – Gymnastik treibt und zwei Joghurts pro Tag zu sich nimmt.

F. G. Das Jane-Fonda-Syndrom ... Sie haben den obligaten Verzehr von Ballaststoffen vergessen ...

B.-H. L. In der Tat. Aber wir begnügen uns mehr und mehr »mit Schonkost«. – Und die Zurschaustellung von Sex, einst omnipräsent und ein Diktat, ist schon längst ein Trugbild, ein schöner Schein.

F. G. Ich behaupte nicht das Gegenteil.

B.-H. L. Sie sagten, das »Gefühl Liebe« gehe zurück. Oder, genauer: die Ausdrucksfähigkeit. Ich hingegen behaupte, die Erotik verblaßt. Oder zumindest ihre Intensität. Na ja, vielleicht haben wir letzten Endes beide recht. Vielleicht sind die beiden Phänomene miteinander verbunden, zieht der eine Rückzug den anderen nach sich ... Da alles untrennbar ist ... Da das Begehren, wenn ich

mal so sagen darf, immer auf beiden Beinen daher-
kommt ...

F. G. Für diese verbale Zurückhaltung gibt es vielleicht einen
Grund. Die höhere Lebenserwartung. Ich meine damit,
daß das praktische, konkrete Wissen, daß man »Zeit vor
sich hat« bei einer Liebe, einer Liaison, einer Ehe, vor
Ehescheidungen nicht mehr so leicht zurückschrecken
läßt. Und wenn man noch so trunken ist vom anderen,
sich seiner eigenen Gefühle noch so sicher wähnt und
auch die des anderen zu bannen glaubt, so hat man doch
irgendwo im Hinterkopf, im Unterbewußtsein, auch das
Wissen, daß es »nicht ein Leben lang« so bleiben muß.
Man weiß zumindest, daß die Leute um einen herum
dies wissen und denken: »Wie lange das bei denen wohl
so bleiben wird?« Und wer liebt, vor allem, wenn es das
erste Mal ist, lehnt sich gegen so etwas auf ...

B.-H. L. Ich glaube vielmehr, daß man gar nichts weiß. Niemals. Es
wäre doch alles so viel einfacher, wenn man wüßte ...

F. G. Wer denkt denn heutzutage im Moment der Eheschließung nicht insgeheim, daß Scheidung ja menschenmög-
lich ist? Also wird man sich doch nicht so lächerlich
machen und »Ich liebe dich« auf »ewiglich« reimen.
Bestenfalls wird man das Schicksal beschwören und von
der Liebe in Molltonart sprechen, mit diesem für moder-
nes Sprachverhalten so charakteristischen Anflug von
Spott. Man glaubt doch an nichts, wie stünde man denn
da, wollte man an die Liebe glauben!

B.-H. L. Eine Art Aufklärung also ... Oder Propädeutik des Miß-
trauens ... Ja ... Ich kann das alles nicht so sehen ...
Eine andere Hypothese wäre möglich: wir befinden uns
an der Schwelle einer wahren Mutation, einer tiefgehen-
den Metamorphose ... Was wir da »Liebe« nennen, hat

nicht immer existiert, auch nicht immer in der gleichen Form. Also könnte sie ja auch verschwinden, man könnte zu anderem übergehen, zu etwas wirklich anderem …

F. G. Da könnte man wirklich von Mutation sprechen! Wollen Sie sagen, die Liebe sei nicht mehr »das Höchste im Leben«, nachdem sie es während – ja, wie lange denn? – mehr als drei Jahrhunderten war!?

B.-H. L. … »das Höchste, oder, besser gesagt, das Einzige …«

F. G. Ja, das war wieder Stendhal …

B.-H. L. Ich weiß es nicht. Ich bin versucht, zu sagen: doch, die Liebe ist das Höchste. Für mich wird es so gewesen sein. Ich gehöre ja wirklich zu einer Generation, die, selbst wenn sie Literatur verfaßt oder Politik oder sonstwas betrieben hat, selbst wenn sie in den Kämpfen oder Ambitionen der Epoche mitgemischt hat, Sartres Ausspruch, den wir vorgestern zitierten, nie aus dem Auge verloren hat: und wenn der Einsatz noch so hoch ist, und wir noch so vernünftig und diszipliniert, so ist unser erstes Ziel doch immer noch: den Frauen zu gefallen … Trifft das für die anderen auch noch zu? Für die nächste Generation? Ich tendiere dazu, es zu bejahen. Ich habe zwar keine wirklichen Vergleichselemente, meine aber doch, daß es immer noch gilt.

F. G. Das traf auch auf meine Generation zu. Die Männer waren buchstäblich von den Frauen besessen. Sind sie es noch genauso? Vermutlich, aber das alles ist lässiger, direkter, in gewisser Weise ehrlicher … Der ganze sentimentale Zierat, an dem die Frauen so hingen, scheint mir verschwunden. Für sie braucht das Begehren nicht mehr in Finten, Lügen, Tarnung verhüllt zu sein. Vielleicht trauern sie dem Raffinement aber eines Tages auch nach …

B.-H. L. Ich bin sicher, daß die Frauen – zumindest die meisten – an all diesen Ritualen, die zur Verführung gehören, Gefallen fanden. Was die Männer betrifft ... Da weiß ich's nicht so recht ... Da gibt es ja diese zwei Kategorien ... Die zwei, von denen Sie neulich sprachen ... Die Männer, die Frauen lieben, sie wirklich lieben und, wenn eine solche Deflation der Liebe und ihrer verschlüsselten Spielregeln eintreten sollte, diesem Verlust bestimmt nachtrauern würden. Und dann sind da diese »anderen«. Denen paßt das gut in den Kram. Nur weg mit all dem »Firlefanz« in den Eroberungsstrategien! Unverhohlen den Weibern nachstellen! Sofort Intimkontakt! Transparenz ist angesagt! Es lebe die ungeschminkte, lockere Sexualität unserer Herren Politiker, die sich damit großtun, sich brüsten ...

F. G. Die Herren Politiker ...? Bedauernswerte Figuren ... Deren Weiberaffären sind doch meist geradezu kläglich, da die Frauen im wesentlichen dazu herhalten müssen, ihnen die Wunden zu lecken, wenn sie irgendwo versagt haben. Meine Popularität sinkt? Ich bin geschlagen? Dann nichts wie her mit einer Frau, die mir sagt, daß ich doch der Bestaussehende und der Intelligenteste bin, zumindest soll sie mir bestätigen, daß in puncto sexueller Potenz, mit der ich sie beehren werde, mit mir durchaus noch zu rechnen ist ... Und da ist die erstbeste willkommen, irgendeine haben sie ja immer bei der Hand, in Reserve ... Politik ist ein hartes Geschäft, da muß man schon etwas Verständnis aufbringen ...

B.-H. L. Das Schlimmste ist, daß die Frauen darauf eingehen. Und nicht unbedingt, wie Sie sagen, irgendwelche ... Nicht unbedingt die, die in Reserve gehalten wird ...

F. G. Ich weiß nicht, an wen Sie denken ... Aber, ehrlich ge-

sagt, allzu hoch greifen sie doch nicht, im allgemeinen ...
Auf einen Eroberungsfeldzug verschwenden sie doch keine Mühe ... Keine Zeit! ... Sie picken sich was raus.
Und wie wir schon zu Beginn unserer Gespräche sagten:
die Frauen lieben die Macht; die äußeren Zeichen von
Macht, die ein Politiker ja immer, mehr oder minder, zu
bieten hat.

B.-H. L. Mitterrand bildet da eine Ausnahme. Ich glaube tatsächlich, auch wenn er nicht unbedingt mein Idol ist, daß er
eine Ausnahme darstellt. Was er treibt, entzieht sich natürlich meiner Kenntnis. Aber ich erinnere mich an frühere Gespräche, und da zeigte er sich als Mann, der die
Frauen wirklich liebte, sich ernsthaft für sie interessierte.
Das ist ja auch wohl heute noch so ... Ich will keine
aktuellen Geheimnisse preisgeben ... Zumal ich natürlich
keine kenne ... Aber ich erinnere mich an den Zeitpunkt, als – und das ist noch gar nicht so lange her – das
Buch *Femmes* von Sollers erschien. Ich stand mit Sollers
an der Kreuzung Boulevard Saint-Germain und Rue des
Saints-Pères. Wir kamen vom Mittagessen. Wollten uns
gerade trennen. Da tauchte Mitterrand auf, neben ihm
Pelat und – ich meine – Dumas. Er bleibt stehen. Plau-
dert ein wenig. Wirft mir vor, mich »nicht mehr sehen
zu lassen«. Stellt fest, daß er Sollers nicht kennt. Wir
reden ein wenig über Politik. Die Kommunisten. Das
gemeinsame Programm. Und Sollers erklärt ihm mit viel
Schwung seine Auffassung vom Verhältnis zwischen den
Intellektuellen und der Macht. Mitterrand erwidert, dieses Thema sei zu wichtig, um hier, auf dem Bürgersteig,
erörtert zu werden und lädt uns für »einen der nächsten
Tage« zum Mittagessen ein, damit wir weiterreden können. Schon am nächsten Morgen (und für Mitterrand ist

das ein Rekord!) traf die Einladung ein. Nur wenige Tage später (wieder ein Rekord!) war das Mittagessen angesetzt. Und was glauben Sie, wovon wir gesprochen haben? Von den Kommunisten? Dem gemeinsamen Programm? Über Frankreich? Über die Welt? Von den Beziehungen zwischen den Schriftstellern und der Macht usw.? Weit gefehlt! Mitterrand hatte nur einen Gedanken im Kopf an diesem Tag. Nur ein Thema interessierte ihn. Wer verbarg sich hinter Kate, Louise, Deborah, Bernadette, der Präsidentin, ja, vor allem der Präsidentin – kurz, hinter den weiblichen Figuren in Sollers' Roman?! Deswegen hatte er uns kommen lassen. Das war der einzige Grund für das Essen. Er wollte das Buch »aufschlüsseln« – bekam die Schlüssel aber nicht. Max Gallo, der ebenfalls anwesend war, traute seinen Ohren nicht. Er versuchte immer wieder, das Gespräch auf ernstere oder unverfänglichere Themen zu lenken. Versuchte es mit Politik. Mit Literatur »im allgemeinen«. Verlorene Liebesmüh! Das Essen zog sich lange hin. Aber an diesem Tag stellte der Präsident nur in einem Punkt seine Kennerschaft (aber dafür um so beeindruckender!) unter Beweis: in diesem Punkt, von dem wir gerade sprechen – dem Verhältnis von Mann und Frau ...

F. G. Kein Zweifel, daß er sich da bestens auskennt. Aber in meinen Augen wäre es doch höchst indiskret, wenn wir uns plötzlich in sein Privatleben vorpirschten – was immer wir darüber wissen mögen.

B.-H. L. Selbstverständlich.

F. G. Beschränken wir uns auf die Feststellung, die ja für niemanden ein Geheimnis ist, daß er in der Tat ein Faible für Frauen hat und dies, neben der Politik, seinen Lebensinhalt darstellt.

B.-H. L. Sein spezieller Fall ist ja auch unwichtig. Aber hier besteht – und das interessiert mich – ein Bezug zwischen »Sinn für die Liebe« und »Sinn für Politik«, was nicht so häufig und eher sympathisch ist.

F. G. Oho! Selten ist das ganz und gar nicht, selbst wenn er der Weltmeister darin ist ... Aber sagen Sie mir ... warum sprechen wir mit Rührung von einem Mann, der die Frauen liebt und nicht im gleichen Ton von einer Frau, die die Männer liebt? Warum ist die feminine Form von Schürzenjäger »Flittchen«?

B.-H. L. Sie erinnern sich vielleicht an jene Figur bei Huysmans; er will eine Schöne verführen, nimmt sie mit nach Haus, inszeniert alles, was er nur kann, spielt sich auf, wirft sich in die Brust, fährt das ganze Arsenal seiner Virilität auf und – macht schlapp, als die Frau zur Tat schreitet und auch nur andeutet, kaum spürbar zu erkennen gibt, daß sie die Dinge in die Hand zu nehmen wünscht. Da wird sie zur Verdammten! Zum weiblichen Satan. Und wenn ich mich recht erinnere, nimmt sie ihn sogar mit zu einer Art Hexensabbat. Das genau ist das Modell. Das ist die Konstante. Läßt sie erkennen, daß sie »das mag«, daß sie die Liebe anders erlebt als in der Rolle der Unterwürfigen, der Passiven, die gewisse Männer ihr zuordnen wollen, dann wird sie sofort degradiert, nicht nur zum »Flittchen«, sondern zur »Schlampe« ...

F. G. Huysmans war ja nicht ganz richtig im Kopf. Und man darf wohl annehmen, daß diese Haltung einem Bedürfnis entsprach, immer und überall »der Herr« zu sein. Ich aber sprach von jenem Frauentyp, der »bei Männern ankommt«, und das sind oft charmante und lustige Frauen, weil sie sich was »gönnen« – aber ihr Ruf ist fürchterlich. Man verachtet sie, das ist eine Tatsache.

B.-H. L. Können wir noch einmal auf das, was Sie vorhin sagten, zurückkommen? Die Entwicklung der Sprache der Liebe ... Die sprachliche Verarmung ... Und den Gedanken – Ihren Gedanken –, daß die Menschen, wenn sie weniger von Liebe reden, plötzlich vorsichtiger geworden sind: das Leben dauert ja länger; sie wissen, daß ihnen noch andere Frauen, andere Männer über den Weg laufen werden; wissen, daß dies vermutlich nicht das letzte Abenteuer gewesen sein wird; und sich daher nicht lächerlich machen wollen, indem sie »Ich liebe dich« auf »ewiglich« reimen ...

F. G. Das ist's.

B.-H. L. Wenn ich mir das aber genauer überlege, kann ich Ihnen eigentlich nicht so ganz zustimmen.

F. G. Nein?

B.-H. L. Nein. Weil ich nicht glaube, daß die Tatsache, daß man das weiß, daß man versiert, aufgeklärt ist, und die Tatsache, daß man ja schließlich Erfahrung hat (die eigene und die der anderen, die man kennt), sich in diesem Maße auf den Mechanismus »Leidenschaft« auswirkt. Sind Rassisten durch »Wissen«, durch »Infos« weniger rassistisch? Kommunisten weniger kommunistisch? Fundamentalisten weniger fanatisch? Merkwürdige Vergleiche, werden Sie einwenden. Nicht ganz so merkwürdig, wie es scheint. Denn auch Liebe ist eine Verirrung. Eine Art Wahn oder Passion. Und ich glaube nicht, daß »Einsicht« oder »Ratio« dies zu erhellen vermag.

F. G. Getroffen! Die Ratio vermag nichts gegenüber einer Passion. Dann muß man vielleicht überlegen, was Sie vorhin anführten, ob Liebe als solche den Rücktritt angetreten hat, und zwar in dem Moment, wo wir uns in gewisser Weise »entzivilisiert« haben, wo wir zurückkehren zur

Brutalität der kruden, wilden Begierde, die keiner Worte bedarf.

B.-H. L. Das habe ich nicht gesagt. Denn »krude, wilde Begierde« wäre gar nicht so übel ...

F. G. Was meinen Sie denn dann? Daß die Liebe von selbst verlöschen kann, weil sie nicht immer existiert hat? Das Hohelied ... immerhin ... Das ist doch schon was!

B.-H. L. Was schön ist, am Hohelied, ist doch, daß man nie so recht weiß, ob es sich um menschliche oder göttliche Liebe handelt. Die Worte sind die gleichen. Die Themen auch. Wie man heute sagen würde: die gleichen »Phantasmen«. So daß Eros und Agape, fleischliche und sublime Liebe, aufeinander abgestimmt, einander angepaßt sind.

F. G. »Mein Geliebter ist weiß und rot,
ist ausgezeichnet vor Tausenden.
Sein Haupt ist reines Gold.
Seine Locken sind Rispen,
rabenschwarz ...«

B.-H. L. Da haben wir's! Vielleicht ist es das, was verschwunden ist: das Ineinanderübergehen der beiden Ebenen, diese beiden Lieben, die sich gegenseitig nährten ...

F. G. Wir würden also nur mehr die profane Dimension der Liebe kennen? Mag sein ... Das ist wohl auch ein Zeichen unserer Zeit, die mit dem Sakralen nichts mehr anzufangen weiß ... Das alles stimmt mich ein wenig traurig. Bis morgen.

B.-H. L. Bis morgen, Françoise. Dies ist ein weites Feld. Heute abend werden wir auf diese Frage keine Antwort mehr finden.

4 Über die Eifersucht,
untrennbar von der Liebe

B.-H. L. Entschuldigen Sie, ich habe mich etwas verspätet. Wir hatten begonnen, über die Eifersucht zu sprechen und sind dann auf etwas anderes gekommen.

F. G. Ja. Unter welchem Sternzeichen sind Sie geboren?

B.-H. L. Unter welchem Sternzeichen? Hm ...? Davon will ich nun wirklich nichts hören ...

F. G. Das Sternzeichen »Zwilling« schließt Eifersucht aus. Das sagen zumindest die, die was davon verstehen. Beneidenswerte Zwillinge ...

B.-H. L. Na, dann bin ich wohl kein »Zwilling«.

F. G. Mal ernsthaft: da haben wir doch etwas, das sich verändert hat, die Eifersucht. Oder: wie sie empfunden wird ...

B.-H. L. So? Auch da bin ich mir nicht so sicher ... Ich kann einfach nicht glauben, daß die Dinge sich wirklich »verändert« haben.

F. G. O doch. Früher war Eifersucht selbstverständlich. Wer eifersüchtig war, entsprach genau dem Bild des Liebenden. Heute wird das als peinlich empfunden, als altmodisch, unwürdig. Und trotz allem ...

B.-H. L. Natürlich.

F. G. Und dann leidet man nicht nur, weil man eifersüchtig, sondern auch noch, weil man würdelos ist. Man leidet darunter, das zu erleiden, was man erleidet.

B.-H. L. Schon La Rochefoucauld bezeichnete die Eifersucht als eine Krankheit; und diese Krankheit wiederum verursache Pest, Tollwut und Brand.

F. G. Und was soll uns das?

B.-H. L. Das heißt doch, daß Eifersucht nicht erst seit gestern in Mißkredit geraten ist. Seit es Liebende gibt, gibt es Eifersüchtige. Und seit es Eifersüchtige gibt, mußten sie ihre Eifersucht verbergen.

F. G. Aber früher durfte geschluchzt, gewütet, gebrüllt werden, man zog den Revolver, erwürgte seine Frau wie Othello ...

B.-H. L. Man brüllt immer noch. Und wütet nicht minder. Und es gibt auch immer noch Männer, die vielleicht ganz gelassen ihre Frau erwürgen ...

F. G. Es gibt doch kaum mehr aus dem Affekt der Eifersucht begangene Gewaltverbrechen ... Das ist doch bedeutsam! Man ist noch genauso bissig aus Eifersucht, und grausam, äußert es, aber nicht mehr so laut ...

B.-H. L. Komisch, ich empfinde das absolut nicht so.

F. G. Aber ja doch! Wer seufzt denn noch wie Heine: »O sprich, mein herzallerliebstes Lieb, warum verließest du mich?« Man schämt sich seiner Eifersucht, wie man sich seines Mundgeruchs schämt ... Und Männer weinen auch nicht mehr. Ist Ihnen das schon aufgefallen, daß die Männer nicht mehr weinen? Und das ist relativ neu. Ich weiß zwar nicht, wann es begann, aber zu Goethes Zeiten weinten und klagten sie unglaublich viel.

B.-H. L. Zu Goethes Zeiten ... Da flennten sie ja bei jedem Anlaß: der Tod einer Nachtigall, die Schönheit einer Landschaft, eine verlorene oder gewonnene Schlacht, ein Blick, ein Anblick, ein geglückter Reim, ein Theaterstück, alles bot ihnen Anlaß, und dazu gehörte natürlich auch der Verrat einer geliebten Frau ... Mit anderen Worten: das beweist gar nichts. Die Männer weinen zwar seltener, aber das bedeutet nicht, daß sie weniger eifersüchtig sind.

F. G. Weniger eifersüchtig – das sicher nicht. Die Frauen auch nicht. Das habe ich ja auch nicht gesagt. Eifersucht wurzelt in der Kindheit, wußten Sie das? Man verspürt sie zum ersten Mal unter Geschwistern. Und da man immer wieder gesagt bekommt, »Du darfst nicht neidisch sein!«, legt man sie nie ab. Ich behaupte nur, daß man heute vielleicht mehr darunter leidet, daß man sie nicht mehr ausleben darf, sie verdrängen muß. Waren Sie schon einmal eifersüchtig? Wirklich eifersüchtig? Ich meine nicht den vorübergehenden Ärger oder Zorn, den Sie vielleicht empfinden, wenn Ihre hübsche Begleiterin bei einem Diner sich ostentativ einem anderen zuwendet, den Sie für einen Schwätzer halten. Nein, eifersüchtig – mit einem konkreten oder vermeintlichen Grund …

B.-H. L. Eifersucht hat ja keinen Grund. Ihr sind alle Gründe willkommen. Es gibt keine gerechtfertigten oder ungerechtfertigten Motive, echte oder falsche Eifersucht. Man ist eben eifersüchtig – und greift nach jedem Zeichen, nach jedem Indiz, nach jedem Beweis oder Motiv, um seine Wahnvorstellung zu stützen …

F. G. Gut. Aber Sie? Waren Sie schon einmal eifersüchtig?

B.-H. L. Ich weiß nicht, ob das so interessant ist.

F. G. O doch!

B.-H. L. Sagen wir: ich bin auch nicht besser als die anderen. Ich hasse Eifersucht. Ich weiß, daß es eine verabscheuenswürdige Leidenschaft ist. Aber wenn ich ehrlich sein soll, dann muß ich »ja« sagen, ich war schon einmal – und bin auch – eifersüchtig.

F. G. Recht so.

B.-H. L. Ich füge sogar noch hinzu, daß meine Eifersucht auf, wie Sie sagen würden, im allgemeinen geringfügigen oder fiktiven Motiven beruht. Das war's doch, worauf wir hinauswollten, oder? Bei diesem Thema gibt es keine mehr oder minder ernstzunehmenden Motive. Für Außenstehende hat der Eifersüchtige nie einen vernünftigen Grund für seine Eifersucht. Er ist es – und damit basta. Ohne Sinn und Verstand. Auch das ist eine Geißel. Ein Gift. Und dieses Gift verzehrt ihn.

F. G. Ich muß Ihnen eine Eifersuchtsstory erzählen. Als ich sechzehn war, verliebte ich mich unsterblich in einen Dreißigjährigen, der auch ausnehmend »liebenswert« war. Bis in die Knochen spürte ich diese Liebe. Ich arbeitete mit ihm, er mochte mich, hatte Spaß an mir, behandelte mich irgendwie wie eine kleine Schwester, die in den großen Bruder verliebt ist, und überhäufte mich mit Zärtlichkeit und Aufmerksamkeit ... Eines Abends ließ er sich in meiner Gegenwart mit einer Telefonnummer in Berlin verbinden. Ja, es war Berlin, ich weiß es noch heute. Und dann entspann sich ein schier endloses Gespräch mit einer Frau, die ich kannte, einer Schauspielerin; es war eines dieser für Verliebte typischen nächtlichen Telefongespräche, wo gewispert, geraunt wird ... Ich brauchte ein paar Minuten, bis ich begriff ... Da packte mich plötzlich der Zorn, und ich schnappte mir eine Vase, die vor mir stand und schleuderte sie zu Boden, wo sie zerbrach ... Er unterbrach sich und sagte: »Ich hatte ganz vergessen, daß du da bist ...«, und säuselte weiter in den Hörer. Ich fühlte mich so gedemütigt, so verletzt, so beschämt, daß seitdem kein Mensch mehr von mir ein Wort der Eifersucht, des verletzten Gefühls, gehört hat. Und nie mehr in meinem Leben habe ich mich hinreißen lassen, jemandem »eine Szene zu machen«, wie man so sagt, bei keinem Anlaß.

B.-H. L. Ist das »der Stacheldrahtverhau im Herzen«, von dem

Sie neulich sprachen? Es ist doch so schwer, Eifersucht »zu unterdrücken« ... Sie gehört so dazu, zur Liebe ... Sie ist so untrennbar mit ihr verbunden ...

F. G. Dennoch ... die einen neigen mehr, die anderen weniger dazu, die einen sind mißtrauischer, die anderen weniger.

B.-H. L. Zum Glück ist nicht jede Frau eine Phädra.

F. G. Und nicht jeder Mann Molières Alceste.

B.-H. L. Aber Eifersucht bleibt Eifersucht.

F. G. Manche Männer können einen schon wahnsinnig machen. Ich kannte einen, der pathologisch eifersüchtig und auf der anderen Seite der geistsprühendste Mensch von der Welt war. Wenn er in die Eifersuchtstrance verfiel, wirkte er dumm und ordinär. Ja, ordinär. In seinen Anschuldigungen, seinen angeblichen Beobachtungen. Jeder Vorwand war ihm recht: ein Wort, ein Lächeln, ein Schmollen, ein neues Kleid. Am liebsten hätte er mich in eine Schublade gesperrt und mich nur zu seinem Vergnügen daraus hervorgeholt. Er war sogar so schamlos, das zu sagen. Aber das sind doch Liebesbeweise, sagte er, Beweise meiner Liebe! Im Endeffekt habe ich beide abgeschüttelt, ihn mitsamt seinen Beweisen. Denn das Schlimme bei der Eifersucht ist ja, daß man schier erstickt, je mehr man sich überwacht und ausgespäht fühlt, und daß es einen immer mehr reizt, Verdachtsmomente zu liefern. Eine entwürdigende Verkettung.

B.-H. L. Das kommt darauf an. Wer Gegenstand von Eifersucht ist, kann sie doch auf zweierlei Art empfinden. Sie kann erstickend wirken, das stimmt. Aber man kann darin doch auch (und darin hatte »Ihrer« nicht Unrecht) einen Beweis oder jedenfalls ein Zeichen der Liebe sehen. Es gibt Frauen, die ein solches Zeichen ersehnen.

Wäre man nicht eifersüchtig, oder nicht eifersüchtig genug, wäre das für sie ein bezeichnendes Indiz für erkaltete Liebe. Wie viele Männer haben nicht schon aus dem Munde einer tatsächlich nicht mehr geliebten oder kaum mehr geliebten Frau gehört: »Du bist nicht einmal mehr eifersüchtig!« Wie viele haben Eifersucht geheuchelt! Um den berühmten Spruch zu parodieren: »Wo ist sie hin, die glückliche Zeit, da du krankhaft eifersüchtig warst.«

F. G. Erkennt man keine Spur von Eifersucht, kann man das in der Tat als verwirrend und als einen Beginn von Gleichgültigkeit empfinden. Aber es gibt kleine und große Zeichen. Ich bin mehr für die kleinen Andeutungen. Bei den »großen« trete ich leicht den Rückzug an.

B.-H. L. Einverstanden.

F. G. Die schlimmste Eifersucht ist die, die sich auf die Vergangenheit rückbezieht. Eine Tortur für den einen wie den anderen. Da hilft nichts. Es heißt nicht: »Du liebst mich nicht mehr …«, sondern: »Wen hast du vor mir geliebt?« Ein Greuel!

B.-H. L. Ja, grauenhaft! Und doch gleichzeitig – und es kommt einem kaum über die Lippen – ist es Liebe! Proust sagt, wie Sie wissen, das Wesen der Liebe sei die Eifersucht. Aber er fährt fort, das Wesen der Eifersucht sei die retrospektive Eifersucht. Warum? Weil Liebe Besitzergreifung ist und man jemanden nicht völlig besitzt, wenn man nur diesen lächerlichen Zipfel besitzt, der seine Gegenwart ausmacht. Proust liebt Reynaldo Hahn. Er will ihn haben. Und da er ihn haben will, wirklich besitzen will, sucht er diesen Teil von ihm, der sich ihm entzieht und des anderen Vergangenheit ist, zu erforschen, in den Griff zu bekommen und eventuell zunichte zu machen. Ich behaupte nicht, das sei etwas Schönes. Ich meine auch, eine solche Eifersucht müsse unbedingt gezügelt werden. Was übrigens auch Proust (seine *Briefe* bezeugen es) regelmäßig zu tun verspricht. Aber so ist es nun einmal. Und es kann wohl nicht anders sein. Eifersucht gehört leider dazu.

F. G. Aber man wird nie jemanden besitzen! Das ist eine Wahnsinnsvorstellung! Bestenfalls besitzt man, was man am anderen verändert hat, vielleicht ist's nur die Frisur oder die Farbe der Krawatten. Man weiß nichts vom anderen, von dem, was sich dem eigenen Blick entzieht. Und dann erst seine Vergangenheit! Das wäre im übrigen sterbenslangweilig ... Einen Menschen derart zu »besitzen«, daß er keinerlei Überraschung, keine Schattierung mehr zu bieten hätte ...

B.-H. L. Das weiß ich nicht ...

F. G. Prousts Helden haben merkwürdige Partner, die etwas hinter sich herziehen, das sich Vergangenheit nennt ... Aber sie wählen sie wohl nicht zufällig, und gerade dieses Zweideutige, dieses Diffuse, dieses absichtlich Unbegreifbare macht sie begehrenswert ... Dennoch hat keiner die Eifersucht besser beschrieben als er, und wir müßten uns eigentlich schämen, nach ihm darüber zu diskutieren.

B.-H. L. Oho, schämen ...? Schämen sollte man sich also auch noch? ...

F. G. *Die Entflohene* ist ein Meisterwerk ...

B.-H. L. Unbestritten. Darin ist ja gerade dieses Problem der auf die Vergangenheit gerichteten Eifersucht ...

F. G. So?

B.-H. L. Wir sind uns ja einig, das sage ich nochmals. Wer sich nicht zurückhalten kann, diese Eifersucht nicht einzudämmen vermag, wer nicht alles tut, um sie zu relativieren, wer sie hochkommen läßt, sie wie ein Krebsgeschwür in alle Winkel und Schattenzonen der Vergangenheit ausbreiten und hineinwuchern läßt, der wird – ob Mann oder Frau – in der Tat schnell unerträglich. Aber das Großartige in der *Entflohenen* ist doch, daß Proust darin vom Wesen der Liebe, von ihren ultimativen Versuchungen spricht. Und unter diesem Gesichtspunkt (dem Gesichtspunkt der »chemischen« Analyse des Phänomens, wenn ich mal so sagen darf) wird doch alles sonnenklar: auch wenn die Eifersucht ein morbider, krankhafter, monströser Trieb ist, meinetwegen auch dieses Karzinom, diese Leukämie der Seele – so ist sie doch leider auch eine und zwar wesentliche Komponente der Liebe ...

F. G. Darauf kann ich – leider – nichts entgegnen. Leider, weil das weh tut, und überhaupt ... Aber es scheint mir, daß bei einem Paar immer einer derjenige ist, der schneller zu Eifersucht neigt als der andere, der schneller bereit ist, sich zu quälen, sich zu beunruhigen, nach nichtigen Motiven zu greifen. Es gibt sicher eine Veranlagung, eine Bereitschaft zur Eifersucht, mit der Proust ja gesegnet war. Swann ist eifersüchtig, Odette nicht. Weil sie ihn nicht liebt?

B.-H. L. Natürlich.

F. G. Der Erzähler der *Recherche* ist eifersüchtig, Albertine ist es nicht. Der gleiche Grund?

B.-H. L. Natürlich.

F. G. Aber es ist doch kein purer Zufall, wenn man jemanden liebt, der diese Liebe nur lau erwidert, der sich nur darin gefällt, geliebt zu werden.

B.-H. L. Das habe ich auch nicht gesagt. Denn ich glaube gleichzeitig an die Möglichkeit gegenseitiger Liebe.

F. G. Aber Sie sagten: »Glückliche Liebe gibt es nicht.«

B.-H. L. Das schließt Gegenseitigkeit nicht aus. Und wenn sie im Mißverstehen wurzelt. Im *leidenschaftlichen* gemeinsamen Erleben eines Mißverständnisses.

F. G. Es gibt eine gewisse Veranlagung zu – ich finde kein anderes Wort – unglücklicher Liebe. Zumal ...

B.-H. L. Ein weiterer Gedanke Prousts hat seinerzeit Deleuze erstaunt. Ich finde ihn überaus stichhaltig! Eifersucht, sagt er, ist Hermeneutik. Eine Wissenschaft von den Zeichen und ihrer Interpretation. Eifersucht knüpft sich ja letztlich nie an ein »Faktum«. Man ist nicht eifersüchtig, einmal abgesehen von solchen Szenen, die Sie geschildert haben, weil der Partner einen betrügt, verrät oder verläßt. Er verrät einen – gut, das ist schrecklich, man leidet, verrät ihn dann vielleicht auch, aber ...

F. G. Das sollte man nicht tun. Eine schlechte Therapie. Das sicherste Mittel, um sich doppelten Schmerz zuzufügen.

B.-H. L. Gut. Aber darauf wollen wir mal nicht eingehen. Was Eifersucht auslöst, was ihre Mechanik in Gang setzt, das sind viel harmlosere Dinge. Ein Blick beispielsweise. Eine Miene, die man plötzlich bei der Geliebten entdeckt. Sie schmollt, was man doch bei ihr gar nicht kannte. Sie zieht das Gespräch in die Länge. Das Interesse wird einem suspekt. Eine zärtliche Geste ...

F. G. Eine zärtliche Geste?

B.-H. L. Auch eine zärtliche Geste kann Eifersucht wecken, o ja! Nicht die, die einem anderen gilt, das meine ich nicht! Eine Zärtlichkeit, die man erhält – eine süße, charmante Geste. Die einen aber plötzlich stutzig macht. Die zum übrigen Verhalten nicht paßt. Und dann fragt man sich, wo sie die denn plötzlich her hat, aus welch infernalischen Tiefen sie die geholt hat. Ein Wort kann Eifersucht wecken. Ein kaum merklich veränderter Tonfall. Winzige Dinge sind's. Und je winziger, desto eifersüchtiger wird man. Zeichen sind's. Wir kommen immer wieder auf die Zeichen zurück. Und um diese Zeichen herum entspinnt sich der Deutungswahn, aber auch die ganze Kunst des Dechiffrierens ...

F. G. Das erinnert mich an das kuriose Erlebnis mit Hélène Lazareff. Wie Sie wissen, hatte sie ein Faible für die Männerwelt. Sie reiste mit ihrem Mann in die USA. Als sie wieder da waren, fiel mir auf, daß sie französische Zigaretten rauchte. Ich folgerte, daß es da wohl einen neuen Liebhaber gab – dessen Namen ich nicht nennen werde. Aber ich hatte recht.

B.-H. L. Die Frage ist: Hatte der Ehemann das auch bemerkt?

F. G. Ich fürchte es.

B.-H. L. Da haben wir's ja. Das ähnelt einer anderen Geschichte, die jüngeren Datums ist. Ein Mann bemüht sich verzweifelt, sein Doppelleben zu kaschieren. Es gelingt ihm auch recht gut. Er trifft die ausgeklügeltsten Maßnahmen. Mit einer Einschränkung, die ihn verrät: ein neues Wort, das er plötzlich gebraucht; ein einfaches, winziges, doch ungehöriges Wort, das eindeutig nicht aus seinem Wortschatz stammt! und dieser lexikalische Lapsus zertrümmert alles.

F. G. Darin erkenne ich zwei Typen von Eifersüchtigen. Der eine giert danach, sich alles nutzbar zu machen, was das Animalische in ihm nährt, der überaus empfindsam ist, und auf der anderen Seite der, der vielleicht dickhäutiger, weniger wachsam, weniger leidenswillig ist.

B.-H. L. Ich weiß nicht, ob man da unterscheiden kann. Weil ich nicht weiß, ob man das ermessen kann. Die neuere Literatur hat uns zwei beeindruckende Beispiele von eifersüchtigen Männern geliefert. Nathan, der Held aus William Styrons *Sophies Entscheidung*, und Solal, der uns auf den letzten Seiten von Albert Cohens *Die Schöne des Herrn* doch recht verblüffende Eifersuchtsszenen vorspielt. Vom Kino und einer Figur, die ihnen ähnelt, dem Helden aus Buñuels Film *Er* ganz zu schweigen. In welche der beiden Kategorien würden Sie die einordnen?

F. G. An *Die Schöne des Herrn* erinnere ich mich nur dunkel. Solal ist vor allem ein Komödiant, meine ich, dessen Ego haushoch herausragt. Er spielt die große Arie der Eifersucht, wie man früher die große Arie der Liebe zu spielen pflegte. Schon der Gedanke, daß in Arianes Bett – was sage ich? in Arianes Herz – schon einmal ein Vorgänger war, macht ihn aus sehr wenig »proustischen« Gründen wahnsinnig. Weil er sich dadurch erniedrigt fühlt. Wäre dieser Vorgänger der König von Ägypten, würde er es anders verdauen, da bin ich sicher, aber ein hergelaufener Dirigent … Er leidet, ja, er leidet fürchterlich. An seiner Eitelkeit!

B.-H. L. Stimmt Ihr »Szenario« so ganz? Sind Sie sicher, daß Eitelkeit die Triebfeder seiner Eifersucht ist?

F. G. Das ist meine Interpretation.

B.-H. L. Daran erinnere ich mich nicht. Ich erinnere mich an einen viel wahnsinnigeren Solal. Eine viel gequältere und wahnsinnigere Figur.

F. G. Er stellt fest, daß eine gar nicht so besondere Frau ihn liebt, die schon einmal eine Schwäche gehabt hat für einen gar nicht so besonderen Mann. Unerträglich!

B.-H. L. Da wir von Cohen sprechen, dem mehr oder minder »Proustischen« bei ihm, da fällt mir eine lustige Geschichte ein. Ich war nach Genf gefahren, ihn zu besuchen. Das war die Zeit, wo ich ihn manchmal samstags in Genf, in dieser kleinen Wohnung in der Avenue Krieg, die er nicht mehr verließ, besuchte. Wir sprachen über ihn, über Israel, die Frauen, Ariane, von dem Schluß der *Schönen des Herrn*, vom Doppelselbstmord und anderen möglichen Auflösungen. Und ich erinnere mich, daß ich einmal sagte, *Die Schöne des Herrn* sei neben der *Verlorenen Zeit* von Proust der große Liebesroman des 20. Jahrhunderts. Er blickte mich an. Lange und forschend. Schwieg eine Weile. Nachdem er längere Zeit nervös an seinem Bernsteinrosenkranz genestelt hatte. Stand auf. Setzte sich wieder. Ein flackerndes, dann betrübtes Licht in seinem Blick. Schließlich antwortete er und wirkte ganz verloren, fast so wie ein Kind: »Wieso *neben* der *Verlorenen Zeit* von Proust?« Ich hielt den Vergleich für überaus schmeichelhaft. Doch ihn schien er offensichtlich verletzt zu haben. Er ertrug den Gedanken nicht, mit einem anderen die Ehre zu teilen, *den* Liebesroman des 20. Jahrhunderts geschrieben zu haben.

F. G. Genau so stelle ich ihn mir vor.

B.-H. L. Ein kurioser Fall, der Fall Cohen. Jeder hielt ihn für Solal. Für den glorreichen, den sonnengleichen Solal. Man pilgerte zu ihm hin, als wollte man den Prototyp des Verführers entdecken. Aber um bei der Wahrheit zu bleiben: an manchen Tagen ähnelte er eher dem Eisenbeißer als Solal.

F. G. Das wundert mich nicht.

B.-H. L. Mich schon. Das hat mich immer verblüfft. Aber das dürfte ich Ihnen nicht sagen. Denn ich mochte ihn natürlich. Trotz seiner Schrullen liebte und respektierte ich ihn unsagbar. Sie hingegen ...

F. G. Doch. Denn das ist bei Schriftstellern so häufig. So sehr häufig ... Selbst wenn im Falle Cohen die Identifizierungen sicherlich weiter gegangen sind als bei anderen. Ich kenne Frauen, die glühende Liebesbriefe an Solal geschrieben haben – via Cohen.

B.-H. L. Und ich kenne einige dieser Briefe. Habe sogar welche gelesen. Denn dieser Mann war auch – relativ indiskret. In einer alten Holzschatulle bewahrte er die Briefe auf. Und zeigte sie liebend gern her. Vor allem, wenn die Schreiberin bekannt war. Wenn die wüßten ...

F. G. Da sehen Sie's ...

B.-H. L. Es gibt noch einen anderen Aspekt bei der Eifersucht. Beinahe hätte ich gesagt, ein Verdienst: sie ist ein tolles Erkenntnisinstrument. Der Eifersüchtige hat alle Radarantennen ausgefahren! Das ganze Arsenal der Ortungssysteme! Er ist doppelt aufmerksam der Welt gegenüber. Seine Fähigkeit zur Wachsamkeit ist erweitert. Man ist nie so subtil, man sieht und hört niemals so viel, wie wenn man beherrscht ist von dieser subtilen und fruchtbaren Eifersucht, die Proust rühmt. Der Eifersüchtige entdeckt überall Zeichen. Und da für ihn alles Zeichen ist, wird er ungeheuer, erschreckend aufnahmebereit.

F. G. Oder völlig verrückt in seiner Rekonstruktion der Realität. Das Fruchtbringende der Eifersucht ... Oft bringt sie Verbrechen hervor. Sie hört vor allem nie auf, da sie sich, zumindest bei den notorisch Eifersüchtigen, auch von Lappalien nährt. Daher muß man Reißaus nehmen, anstatt sich unterkriegen zu lassen von dem, was an Schmeichelhaftem in der Eifersucht steckt. Niemals einen notorisch Eifersüchtigen lieben – das gilt natürlich auch für die weibliche Form –, wenn man sich nicht täglich ausgeklügelter Observation aussetzen will! Verfolgt werden will. Das ist die wichtigste Empfehlung, die ich geben kann, wenn denn ein guter Rat überhaupt etwas nützt.

B.-H. L. Inquisition. Endloses Verhör. Verdacht. Nie gestillte Neugierde. Die abgefeimteste Frage, um den Gegner zu betäuben. Fallen. List. Gespielte Gleichgültigkeit. »Na, lauf schon! Ich bin heute morgen versöhnlich gestimmt! Kein Risiko! Kannst machen, was du willst! Bin ja ohnehin nicht eifersüchtig! Nein, wirklich nicht, schau mich doch nur an, seh ich vielleicht aus, als wäre ich eifersüchtig? Wirke ich denn nicht völlig gelassen, souverän?«

F. G. So ungefähr läuft's ab.

B.-H. L. Dann die Gewalttätigkeit. Zuerst Einbildung. Einbildung im wörtlichen Sinne. Diese teuflische Begabung, sich Bilder vorzugaukeln – das ist die Stärke – oder das Laster – der notorisch Eifersüchtigen. Dann Gewalt. Die Entfesselung von Gewalt, wenn der andere, zermürbt von diesem so beruhigenden Tonfall, den fatalen Fehler macht, sein Geheimnis zu gestehen. Nun richtet sich die Gewalt gegen ihn. Doch sofort danach gegen die eigene Person. Dieser Haß auf den anderen und gegen sich selbst, auf den Eifersuchtsszenen für gewöhnlich hinauslaufen. Ich kannte mal einen, der, sobald die Eifersucht in ihm aufwallte, regelmäßig mit dem Kopf gegen die Wand rannte, gegen Türen, Bäume – egal was, es mußte nur hart sein, weh tun und in der Höhe des Kopfes sein. Und sobald er sich Beulen geholt oder die Stirn blutig geschlagen hatten, sagte er zu seiner Partnerin: »Da hast du's! Das war's doch, was du wolltest! Oder vielleicht nicht, hm?« Und das arme Wesen fing an zu schluchzen und faßte den Schmerz, den er sich zufügte, als Strafe auf, die ihr zugedacht war ...

F. G. Mit dem Kopf gegen die Wand rennen! So was! Daran hat nicht einmal Proust gedacht ...

B.-H. L. Nein. Aber diese Kraft, die aus Eifersucht entsteht, die war ihm durchaus bewußt. Er behauptete ja sogar, wie Sie wissen, Literatur ohne Eifersucht sei undenkbar.

F. G. Weil es keine Literatur gibt, in der es nicht um Liebe geht, unser altes Thema.

B.-H. L. Ja. Und weil – wie ich schon sagte – Eifersucht alle Wahrnehmungssysteme »scharf macht«. Ein Philosoph würde sagen, sie produziere das Andere mit dem Selben, das Vielfache mit dem Einfachen – sie erzeugt eine Welt, in der man nicht mehr atmen kann, die aber in gewisser Weise bunter wird ...

F. G. Das Erstaunliche bei der Eifersucht ist die Feststellung, daß sie die Zeit überdauert. Man hat jemanden wirklich geliebt, hat sich getrennt, aus den Augen verloren, und dann begegnet man sich eines Tages, der oder die andere macht eine liebevolle Geste, die sich an die neue Begleiterin oder den neuen Partner richtet, und schon empfindet man das wieder wie einen Dolchstoß ...

B.-H. L. Da kann ich Ihnen jetzt nicht mehr folgen – oder ich empfinde es einfach anders ... Ich habe doch eher den Eindruck, daß dies etwas ist, das von einem abfällt, das mit der Liebe schwindet. Ist doch auch normal, oder? Eifersucht ist Bestandteil der Liebe. Also schwindet sie, wenn die Liebe schwindet ...

F. G. Ich glaube, daß sie sie lange Zeit überdauern kann. Zumindest bei dem, der länger liebte als der andere und der eine gestorbene Liebe in sich trägt ...

B.-H. L. Das ist aber wieder ein weites Feld, liebe Françoise. Liebt man denn weiter, wenn der andere aufgehört hat?

F. G. Die Glut erlischt nicht auf einen Schlag. Das wäre zu bequem ...

B.-H. L. Kann man denn auch allein lieben, der einzige sein, der liebt?

F. G. Natürlich, zumindest eine Zeitlang.

B.-H. L. Immer wieder die alte Frage: Beruht Liebe nicht immer mehr oder minder auf Gegenseitigkeit? Muß sie sich nicht zumindest in dieser Illusion wiegen können?

F. G. Soll das ein Scherz sein?

B.-H. L. Proust ist in der Tat sehr pessimistisch. Er sagt, da gebe es nie Gegenseitigkeit. Niemals. Und das war, Sie erinnern sich, der Grund für seinen Streit mit Berl.

F. G. Ach ja, die berühmte Szene in *Présence des morts*; der junge Berl, der von der Front heimkehrt und auf Empfehlung von Madame Duclaux dem Meister einen Besuch abstattet und ihm seine Verliebtheit gesteht.

B.-H. L. Proust hört sich das Histörchen an. Zunächst ist er gerührt, dann wird er ärgerlich. Und schließlich packt ihn die Wut. Er jagt den armen Berl davon, indem er ihm seine Pantoffeln ins Gesicht schleudert.

F. G. Berl skizziert hier im übrigen ein großartiges Porträt von Proust mit seinem »lauernden Satrapenkopf, den bleichen schweren Wangen«.

B.-H. L. Er glaubte immer, sein »fehlender Hang zur Homosexualität« stelle in den Augen des anderen »einen unübersehbaren Makel« dar. Während sein wirklicher Makel, der wirkliche Grund für den Streit mit Proust, sein Glaube an die Gegenseitigkeit der Gefühle war.

F. G. Die *Sylvia*-Geschichte …

B.-H. L. Na ja, man muß ja nicht immer mit Proust einverstanden sein. Und in diesem Punkt, da haben Sie recht, kann ich ihm wohl auch nicht zustimmen.

F. G. Sagen wir doch einfach: Einer von beiden liebt immer etwas mehr als der andere …

B.-H. L. Er weiß es aber nicht immer.

F. G. Das meinen Sie! In puncto Eifersucht sind Frau und Mann auf jeden Fall gleich, in gleichem Maße verwundbar, in gleichem Maße gepeinigt und manchmal auch in gleichem Maße verstört. Und vor diesem so bitteren Schmerz pflanzt sich garantiert immer ein aufgeblasener Idiot auf und predigt: »Wie können Sie nur wegen dieses Mannes oder wegen dieser Frau leiden, während in der Sahelzone Kinder den Hungertod sterben?!« Eifersucht – wie auch ihre Zwillingsschwester, die Liebe – ist aus der Mode gekommen. Man gestattet sich höchstens ein Wort, einen Satz, eine Andeutung. Man krepiert stillschweigend, wenn man gut erzogen ist. Das war alles, was ich sagen wollte, als wir dieses Thema begannen.

B.-H. L. Und das ist alles, was wir seit einer Stunde gemeinsam dementiert haben. Hätten wir so lange, und in diesem Ton, über ein aus der Mode gekommenes Gefühl reden können?

F. G. Nicht das Gefühl ist aus der Mode gekommen. Im Ausdruck des Gefühls ist man nicht mehr so frei. Das Gefühl wird nie verschwinden.

5 Über die Liebe
als Paradies und Hölle

F. G. Wissen Sie was? Ich habe geträumt, ein eifersüchtiger Mann ließe mich die halbe Nacht nicht schlafen. Und ich sagte ihm: »Aber ich bin doch transparent! Mein ganzes Leben ist transparent!«

B.-H. L. Und damit haben Sie ihn belogen. Liebesbeziehungen sind nie transparent.

F. G. Vermutlich.

B.-H. L. Die Liebenden glauben, daß sie einander verstehen. Sich schon andeutungsweise verstehen. Sie bilden sich ein, die Armen, sie erlebten da so etwas wie eine geglückte Fusion, so etwas wie Harmonie. Wohingegen ...

F. G. Weil sie nach Fusion, nach Ergänzung, nach Vollendung streben. Natürlich gibt es sie nicht, oder nur ganz kurz, in einer Art »Liebesimplosion«, wenn es bei beiden »funkt«, dieser Blitzschlag sie trifft. Doch sehr bald schon wird man für den anderen undurchsichtig ...

B.-H. L. Da haben wir wieder unsere gestrige Geschichte zwischen Berl und Proust. Berl glaubt an die Verschmelzung der Herzen. An die Harmonie der Wünsche. Er hat Sylvia wiedergefunden und juchzt: »Halleluja! Ein Wunder! Wir sind zwei Wesen, die einander lieben! Zwei Körper in voller Harmonie! Das ist der Zauber der Liebe, er füllt in einem Handstreich den Graben zwischen zwei Wesen!« Und da wird Proust wütend. Er gerät in Rage und setzt ihn vor die Tür. Und da stehe ich plötzlich wieder auf seiten von Proust. Eindeutig auf seiten von Proust ...

F. G. Die Illusion gibt's aber ... Die Illusion, von der Berl beseelt war und die Proust bestimmt, wenn auch nur flüchtig, ebenfalls empfand, die Illusion nämlich, daß Liebe einen Zugang zum anderen eröffnet, während man in Wahrheit und für ewig ihm – und er uns – unbekannt bleiben wird. Um es etwas gelehrter zu sagen: der geliebte Partner ist eine unendliche »Andersheit«, selbst der oder die, mit denen man sich am engsten verbunden glaubte, wie zu einer Person verschmolzen, dieser alte Traum ... Zurück zur ursprünglichen Fusion ...

B.-H. L. Ich weiß nicht mehr, wer sagte: »Lieben heißt, nur mehr eine Person sein – es fragt sich nur, *welche*« ...

F. G. Das ist hübsch.

B.-H. L. Im Grunde verabscheue ich diese Geschichten von Fusion, von ursprünglicher und wiedergefundener Einheit.

F. G. Es geht nicht darum, ob einem das gefällt oder widerstrebt. Dieser Traum steckt in jedem von uns, und gleichzeitig ist er nicht realisierbar ...

B.-H. L. Ja ...

F. G. Hinzu kommt ein fundamentales Mißverständnis in Liebesbeziehungen: Die Frau sucht einen Menschen, und der Mann das Weibliche – das Geschlechtliche – als Bestätigung seiner Virilität ...

B.-H. L. Wie kommen Sie darauf, daß die Frau einen Menschen und der Mann das Weibliche sucht?

F. G. Woher ich das habe? Aus meinem profunden Wissen.

B.-H. L. Meines ist wohl geringer, nicht so profund. Aber ich glaube doch Männer zu kennen, denen die Gegenwart einer Frau, einer Frau als Mensch, nicht unlieb ist. Und eine Menge Frauen, die das andere suchen ... Na ja. Wir wollen hier nicht jeder unseren Hauptmatador wählen und dann mit fliegenden Fahnen ...

F. G. In der Tat. Aber bei der Frage der »Andersheit« des Partners würde ich noch gerne verweilen. Allzu schwarz sehen soll man ja auch nicht.

B.-H. L. Nein.

F. G. Es gibt ja doch auch Paare, die sich verstehen, wo einer dem anderen Gehör schenkt und wo man sich abstimmt in einigen wesentlichen Bereichen, wozu natürlich auch die Freude am Liebesakt gehört.

B.-H. L. Gewiß.

F. G. Und manchmal, selten, aber immerhin manchmal, dauert das auch an.

B.-H. L. Bestimmt.

F. G. Darüber sind wir uns also einig?

B.-H. L. Natürlich sind wir uns da einig. Mich ärgert ja nur dieses Gerede von Harmonie, ursprünglicher und verlorengegangener Fusion. Das beginnt schon bei den Griechen. Und hat nach und nach die gesamte Liebesliteratur des Abendlandes infiziert. So stark, daß heute noch …

F. G. Gefällt Ihnen denn das Bild vom getrennten, geteilten Wesen, das seine andere Hälfte sucht, etwa nicht? Nicht zufällig hat es seit Plato die Jahrhunderte überdauert. Und es gilt ebenso physisch wie psychisch, das Physische wird sogar noch stärker betont.

B.-H. L. Für mich ist es kein schönes Bild, nein. Diese dicken, kugelrunden Körper mit zwei Geschlechtsteilen, die nur einen Leib und eine Seele bilden und dann ihr Lebtag hinter ihrem verlorenen Androgynat herlaufen – ist das nicht das Absurdeste, das Plato je geschrieben hat?

F. G. Dieser Körper kann aber schreien, daß er mit einem anderen Körper verschmelzen, sich vereinigen und ins Bodenlose sinken will. Georges Bataille, auf den Sie so oft verweisen und dem man wohl keinen Hang zur

Romantik nachsagen kann, erhob die »Fusion« zu seinem höchsten Begehren, zur göttlichen Illusion.

B.-H. L. Das sagt er – und dem Himmel sei Dank! – in einem anderen Zusammenhang. Und er macht uns auch nie weis, in jedem von uns schlummere ein Zwitter!

F. G. Robert Musil spricht im *Mann ohne Eigenschaften* ebenfalls sehr deutlich über »dieses Verlangen nach einem Doppelgänger im anderen Geschlecht ..., nach einem Wesen, das uns völlig gleichen, aber doch ein anderes als wir sein soll, eine Zaubergestalt, die wir sind ..., und vor allem ... den Atem der Selbständigkeit und Unabhängigkeit voraushat«. Seiner Ansicht nach sind »die großen, rücksichtslosen Liebesleidenschaften alle damit verbunden, daß sich ein Mensch einbildet, sein geheimstes Ich spähe ihn hinter den Vorhängen fremder Augen an«.

B.-H. L. Ich scheine nicht die gleiche Vorstellung von der »großen Liebesleidenschaft« zu haben. Wenn ich es zu formulieren hätte, würde ich Gegenteiliges sagen: die Liebe ist niemals größer, als wenn man sich einem ganz »Anderen«, einem »Fremden« gegenübersieht – dem Gegenteil dieses komplizenhaften Doppelgängers, dieses umgekehrten Bildes, dieses Widerscheins ...

F. G. Hat Sie die Liebe schon einmal wie ein Blitzschlag getroffen, Bernard? Leidenschaft Sie verzehrt? Im ersten Beginnen einer Leidenschaft ist doch immer etwas, dem man ewig nachtrauert und das vermutlich diese Illusion von Verschmelzung ist.

B.-H. L. Eben nicht! Was einen bei der Liebe auf den ersten Blick verwirrt, ist doch im Gegenteil die Fremdheit des anderen. Diese schwindelerregende Andersartigkeit. Und der trauert man später nach ...

F. G. Oho! Ganz und gar nicht! Das Schwindelerregende dabei ist doch, daß man den Eindruck hat, sich wiederzufinden, seit ewigen Zeiten füreinander geschaffen zu sein.

B.-H. L. Zu romantisch ... Sie sind eindeutig zu romantisch ...

F. G. Romantisch? Das glaube ich nicht. Ich versuche hier ein Gefühl zu beschreiben, das weit verbreitet ist.

B.-H. L. Ich habe noch nie das Gefühl gehabt, für jemanden, wer immer es auch sei, »geschaffen« zu sein. Die Begegnung hingegen mit jemandem radikal anderen, die Erregung angesichts dieses Unterschieds, der Eindruck, daß sie, wie soll man das sagen? eigentlich unvorstellbar ist und somit die Freude, die sie einem schenken wird, unerschöpflich sein muß – das nenne ich »vom Blitz getroffen sein«.

F. G. Sind Sie mit dem Prince de Ligne der Meinung, das Beste bei der Liebe sei der Beginn, und daher müsse man möglichst oft neu beginnen?

B.-H. L. Wenn Sie so wollen. Aber mit der Ergänzung – eine Variante, die Sie vielleicht erstaunen wird –, daß es auch nicht übel ist, mehrmals mit derselben neu zu beginnen ...

F. G. Ein schönes Programm. Dem schließe ich mich an. Dann entfällt aber die Fremdheit, die für viele Männer die Antriebskraft zu sein scheint – und von der Sie vorhin selbst sprachen.

B.-H. L. Nein, nicht unbedingt! Da einem der andere, was ich betone, immer fremd bleibt. *Essentiell fremd.* Und daher kann man der Erforschung dieser Fremdheit sein ganzes Leben widmen.

F. G. Das ist Sophistik. Wortspielerei.

B.-H. L. Nein, das glaube ich nicht. Denn es gibt noch ein weiteres Vergnügen, das die Liebenden auch sehr gut kennen und an das mich Ihr Zitat vom Prince de Ligne denken läßt: da es »nichts Besseres gibt als den Beginn«, muß man eben den Charme des Beginns wieder heraufbeschwören, sich immer wieder neu vor Augen führen.

F. G. Soso?

B.-H. L. Dieses Gesicht, das man schon besser kennt. Diese vertrautere Gestalt. Diesen Blick, dieses Lächeln, ein ganz klein bißchen – oder, warum nicht? zutiefst – anders. Und welche Wonne, dann schnell für kurze Zeit die Augen zu schließen, in die Vergangenheit zurückzukehren und sich zu bemühen, dieses selbe und zugleich andere Wesen zu erfassen, das man im Augenblick der ersten Begegnung schon liebte – als noch nichts klar war, als sie einem fremd war und man noch nicht wußte, ob sie einem gehören würde oder nicht ...

F. G. Das ist ein erstaunlich weiblicher Diskurs! ... Das Heraufbeschwören des Beginns, diese Neigung, die Vergangenheit zu erfassen ... Die melancholische Färbung ... Frauen lieben melancholisch. »Doch, doch, ja ich bin glücklich, doch ich bin traurig«, sagt Mélisande. Verliebte und geliebte Männer hingegen sind beflügelt ... Sie möchten die Welt erobern. Wer war verliebter als Bonaparte?

B.-H. L. Ich versuche, ein wenig Licht in die Frage der »Fremdheit« zu bringen. Da ist einmal die klassische Form: das Fremde bei einer, wie man so sagt, neuen »Eroberung«. Das heißt: eines erträumten, ersehnten, begehrten Körpers – und der sich plötzlich in unseren Armen enthüllt. Aber es gibt noch eine andere Fremdheit, die mindestens ebenso spannend ist: eine, die anhält, selbst wenn man die Frau kennt oder zu kennen meint.

F. G. Ja.

B.-H. L. Und die ist's, die mich hier interessiert. Von der sprach ich. Und an die dachte ich, als ich vorhin sagte, ich glaubte nicht an dieses Gerede von Fusion, Androgynat etc.

F. G. Das hatte ich schon verstanden.

B.-H. L. Man kann zehn, zwölf Jahre mit einer Frau leben. Das Gefühl haben, auf diesem oder jenem Terrain sich extrem nahe zu kommen. Doch immer kommt der Moment, wo man entdeckt, daß sie anders, unbestreitbar anders ist. Soll man das bedauern? Lamentieren: »Wie schade, was für ein Mißklang! Was uns da alles trennt!«? Natürlich nicht. Im Gegenteil! Das ist der Reiz der Liebe … Ihre nie versiegende Quelle … Sie lebt, sie nährt sich von derlei Mißverständnissen …

F. G. Sie nährt sich davon oder stirbt daran … Einander verstehen heißt, sie so weit wie möglich zu eliminieren, transparent zu sein für den anderen.

B.-H. L. Aber nein! Bloß nicht! Das wäre ganz im Gegenteil das sicherste Mittel, alles kaputtzumachen. Ein Paar, bei dem jeder Mißklang »eliminiert« wurde, ist ein Paar, das sich buchstäblich nichts mehr zu sagen hat. Sie sagten doch selber, man sei niemals transparent!

F. G. Das stimmt. Und die Konfrontation mit dem Geheimnisvollen im Partner, die ist natürlich auch Teil der Liebe. Was man da manchmal entdeckt, kann erschreckend sein … Da tut sich flüchtig ein Abgrund auf, ein Schlund, ein erschreckendes, unbekanntes Gesicht. Das passiert, wenn Liebende sich »Szenen« machen, was ich abscheulicher finde als alles andere, wo im Zorn, in Grobheit, grauenvolle Dinge gesagt werden …

B.-H. L. Ob sie grauenvoll sind, das kommt darauf an. Sie können sich auch sehr schöne Dinge sagen. Und ihr schönstes Gesicht zeigen.

F. G. Hören Sie mal! Das sind doch entsetzliche Augenblicke! Wo keiner mehr wiederzuerkennen ist ...

B.-H. L. Es kann ein echtes Vergnügen sein, den anderen zu sehen, wie er außer sich gerät – in diesem Zustand der Trance oder der Rage.

F. G. Ein merkwürdiges Vergnügen ...

B.-H. L. Ein Vergnügen.

F. G. Auf das allerdings schöne Versöhnungsszenen folgen können. Ich kenne Paare, die nur nach diesem Muster leben können. Und das sind vielleicht die, die einander am besten kennen ... Sie leben im Kriegszustand und finden darin ihren Genuß, indem jeder seinen Stolz darein setzt, die Macht über den anderen zu gewinnen.

B.-H. L. Wieso »die Macht zu gewinnen«? Es ist doch etwas Verzweifeltes in solchen »Szenen« ... Das folglich ans Herz geht ...

F. G. Ich wüßte nicht, was.

B.-H. L. Doch. Eine überreizte Form des Mißverstehens. Ein wahnsinniges Bedürfnis, den anderen so weit zu bringen, daß er sich Blößen gibt ...

F. G. Sagen Sie bloß, Sie wollten das Loblied der »Szenen« singen!

B.-H. L. Warum nicht? Wer wirklich liebt, weiß doch, daß eine handfeste Szene oft mehr wert ist als ein geheucheltes Glück. Wieder Solal: Er spürt, daß Ariane sich mehr und mehr langweilt und überlegt: »Was für eine Szene könnte ich nur vom Zaun brechen?«

F. G. Teuflisch!

B.-H. L. Entschuldigen Sie, aber für mich sind Schäferszenen das Teuflischste! Dieser Singsang *unisono* von Körpern, diese auf Kammerton gestimmten Seelen, diese harmonischen Akkorde der Leiber, diese Fusion – Schäferidylle! Sie jauchzen: »meine bessere Hälfte« – für mich gibt es nichts Obszöneres, als eine »Hälfte« zu besitzen ...

F. G. Das ist doch kleinkariert, von seiner »besseren Hälfte« zu sprechen. Grauenvoll! Und eine Einheit zu bilden – welch eine Illusion!

B.-H. L. Daher ist mir eine Liebe, die sich dem Gedanken vom Krieg der Körper und der Körper im Kriegszustand stellt, weitaus sympathischer. Wir erwähnten vorhin den Mythos der Griechen. Den Mythos – der Ihnen ja gefiel – vom ursprünglich ungeteilten Körper, der zur Einheit zurückfindet. Und wenn wir schon bei den griechischen Mythen sind, liefere ich Ihnen einen anderen: den von Eros, dem Gott als Bogenschützen, der seinen tödlichen Pfeil abschießt. Oder noch einen anderen: Eros als Angreifer, als Belagerer seiner Geliebten, der über ihre Abwehr triumphiert, sie zur Aufgabe zwingt, sie umzingelt ...

F. G. Da besteht aber eine wichtige Nuance. Wie Sie wissen, besteht ein Paar nicht aus einem Mann und einer Frau: gemeinsam bilden sie eine dritte Person ...

B.-H. L. Das glaube ich nicht.

F. G. Das ist aber doch spürbar, wenn man den einen oder den anderen oder beide zusammen trifft. Zitieren wir nochmals Georges Bataille: »Zwei Wesen unterschiedlichen Geschlechts tauchen ein in den anderen und bilden gemeinsam ein neues Wesen, das sich von beiden unterscheidet.«

B.-H. L. Ich will Sie zwar nicht schockieren, weise aber darauf hin, daß Bataille hier wieder eine ganz bestimmte Situation meint. Ihre beiden Wesen bilden zwar ein neues Wesen – aber im Bett!

F. G. Natürlich. Aber man darf doch verallgemeinern.

B.-H. L. Glauben Sie? Mir scheint es höchst gefährlich, was »da« passiert, zu »verallgemeinern« ...

F. G. Aber das ist doch das »Wesen« der Liebe.

B.-H. L. Das ist die Grenzsituation.

F. G. Da werden die Menschen ehrlich, da enthüllen sie ihren wahren Kern.

B.-H. L. Im Gegenteil, da sind sie nicht mehr wiederzuerkennen. Weit, so weit entrückt von sich selbst ...

F. G. Die gesamte erotische Literatur lehrt das Gegenteil. Und Bataille erst! Aber auch Sade – was lehrt er denn anderes?

B.-H. L. Eine simple Erfahrung haben wir doch alle schon gemacht. Man trifft, bei einem Diner beispielsweise, eine Frau (oder: die Frau einen Mann). Man beobachtet sie. Hört ihr zu. Versucht, hinter der mondänen Maske das wahre Gesicht zu erkennen: das Gesicht, das sie nachher haben wird, wenn sie sich nackt den eigenen und meinen Wonnen überläßt. Und da täuscht man sich in den meisten Fällen! Hat danebengetippt!

F. G. Ich beharre auf meiner Idee, daß ein Paar ein eigenes Wesen ist. Schauen Sie sich doch um unter Ihren Freunden. Mal sehen Sie sie allein, mal zusammen. Und ihr Verhalten, das springt doch ins Auge, ist nicht dasselbe.

B.-H. L. Das ist etwas anderes. Das ist die Courtelinesche Fassade der Paare. Alles, was man in Gegenwart des anderen nicht sagen kann ... Das Gesicht, das man aufsetzt ...

F. G. Da verwechseln Sie das Leben mit dem Teil Komödie, der dazugehört. Ob es Ihnen paßt oder nicht: ein Paar bildet eine Einheit, und diese Einheit ist ein geheimnisvolles Kompositum, eine merkwürdige Kombination von Molekülen ...

B.-H. L. Gut. Lassen wir es dabei.

F. G. Was nicht ausschließt, daß auch Sie teilweise recht haben. Ein ganzer Komplex des Vokabulars der Liebe entstammt dem Kriegsvokabular. Der andere ist eine »Eroberung«. Von einer Frau heißt es: »Die hab ich auch schon gehabt« ... Und von einem Mann: »Den hab ich mir gefangen.« Eine widerliche Ausdrucksweise, die aber in die Alltagssprache eingegangen ist ... Verführen wäre demnach, eine Festung zu Fall bringen?

B.-H. L. Wenn ich mich recht erinnere, widmet Rougemont diesem Komplex ein ganzes Kapitel. Warten Sie. Da liegt ja das Buch. Stimmt: der Liebende »belagert« seine zukünftige Geliebte. Er »beraubt sie ihrer Waffen«. Er unternimmt einen »Überraschungsangriff«. Er »zwingt sie zur Aufgabe«, usw. Ein ganzes Kapitel lang erklärt Rougemont, daß die abendländische Welt zur Beschreibung der Kriegskunst und der Liebeskunst das gleiche Vokabular – und somit die gleiche Metaphorik – benutzt hat ...

F. G. Und dennoch ist es komplizierter. Denn man muß ja wohl doch unterscheiden. Da ist zum einen die Eroberung – eine Kriegshandlung. Dann aber kommt das andere: das Zusammenleben oder – das Miteinanderleben ...

B.-H. L. Ach so? Da bin ich mir nicht so sicher ... Ich weiß, das ist Rougemonts andere Theorie, die damals so viel Staub aufgewirbelt hat: die Unvereinbarkeit von leidenschaftlicher Liebe und Ehe ...

F. G. Eros hat da keinen Platz mehr. Er hat seine Pfeile verschossen. Seine Truppen weggeschickt. Jetzt heißt es, anders leben zu lernen, vorbei ist's mit Poesie und schmachtenden Gefühlen, mit denen alles begonnen hatte.

B.-H. L. Wie jämmerlich!

F. G. Lassen Sie den Liebenden doch wenigstens diese Form von Harmonie!

B.-H. L. Was ich so traurig finde, ist dieser Gedanke von den zwei »Phasen« der Liebe: die »Eroberung« und dann das »Zusammenleben«.

F. G. Ob traurig oder nicht – das ist die Realität.

B.-H. L. Nehmen wir noch einmal Baudelaire. Seine Beziehung zur Duval. Das Schöne daran ist doch, daß bei beiden die Begeisterung bis zum Ende anhielt.

F. G. »Ich bin die Wunde und das Messer, das Opfer und der Henker ...«

B.-H. L. Ja. Vorstellen kann ich mir einen Mann und eine Frau, die mit der Zeit auf die erotischen Spiele verzichten. Und da treten sie in der Tat in eine neue Epoche ein – Genre »Friede, Harmonie, Partnerschaft«, das ganze Tralala. Wenn sie sich aber weiterhin lieben und begehren – dann bleibt auch das, was an Grausamkeit, an Wildheit dazugehört. Diesen Teil kann man nicht abstreiten.

F. G. Das soll keinesfalls abgeleugnet werden, man kann es sogar ersehnen, sich Hals über Kopf hineinstürzen. Nur – in diesem Falle besteht Einverständnis, beide wollen diese Wildheit, die auch Grausamkeit beinhaltet. Da stehen sie sich nicht als Gegner gegenüber. Sie sind Komplizen. Glauben Sie etwa, daß bei einem Paar ständig »Sand im Getriebe« sein muß?

B.-H. L. Wer redet denn von »Sand im Getriebe«? Mir gefällt einfach der Gedanke von einem Mißklang, der sich ewig hinzieht ...

F. G. Die Eifersucht als notwendiger Bestandteil, und Krieg als Wunschtraum – wenn man Ihnen zuhört, müßte Liebe die Hölle sein ...

B.-H. L. Eine zauberhafte Hölle!

F. G. Vielleicht ist sie's letztlich auch. Eine Hölle mit ein paar kleinen Lichtblicken, einem Zipfelchen Paradies ...

B.-H. L. Das meine ich.

F. G. Außerdem, wenn es diese Lichtblicke nicht gäbe ... Welches Paar würde dem Verschleiß standhalten, den das Zusammenleben mit sich bringt?

B.-H. L. Auch von diesem »Verschleiß« im Zusammenleben habe ich noch nie viel gehalten. Aber lassen wir das. Das ist ein anderes Thema.

F. G. Das ist der *Kern* dieses Themas.

B.-H. L. Bei Ihrer »Periodisierung« klaffen unsere Meinungen auseinander. Erst der Krieg. Dann die zweite Periode, wo man sich weniger stürmischen Wonnen hingibt. Schauen Sie sich Laclos an, den wildesten dieser Kriegshelden. Wissen Sie, welches Buch er am Ende seines Lebens noch schreiben wollte?

F. G. Ja, ich weiß. Ich sehe aber nicht den Bezug.

B.-H. L. Der ist doch klar. Dieser Kerl, mit allen Wassern gewaschen, pervers, ein Eroberungsexperte, ein Kriegsheld auf allen Schauplätzen der Liebe, ein überspannter Kerl, ein Schweinskerl, ein Mann, der von Berufs wegen (Artilleriegeneral wohlgemerkt!) und aus Neigung und Temperament (ein Ränkeschmied, ein Intrigant von internationalem Format!) die Liebe sich gar nicht anders vorzustellen vermochte als ein endloses Kriegsmanöver. Und dieser Kerl ist nun plötzlich von einer Idee besessen: auf die *Gefährlichen Liebschaften* ein Buch mit dem Titel »Die glücklichen Liebschaften« folgen zu lassen, eine Apologie der Familie, des Paares und des trauten Glücks ...

F. G. Jetzt muß ich Ihnen aber ins Wort fallen: treiben wir's nicht zu weit mit diesem »trauten Glück ...« Ein solches schlichtes Glück gibt es nicht zwischen Mann und Frau. Es gibt vielleicht Lebensabschnitte, wo man von so etwas träumt, wie Laclos, als er älter wurde; eine Phase, wo Ehrgeiz, Machtstreben und derartige Dinge das Bedürfnis nach einer in leidenschaftlicher Intensität ausgelebten Liebe verdrängen.

B.-H. L. Nur daß ich dies wieder vehement bezweifle, daß irgend etwas an die Stelle von etwas anderem treten kann.

F. G. Früher war das der Moment, wo die Männer heirateten, »eine Familie gründeten«, wie man sagte ... Sie wurden »ruhiger«. Doch das alles haben wir geändert ... Heute wird – wenn überhaupt – sehr jung geheiratet, und absolut nicht in der allerdings düsteren Perspektive, dadurch »ruhiger« zu werden ...

B.-H. L. Warum sollte man sich nicht vorstellen, daß beide Stadien gleichzeitig erlebt werden können? Beide Rollen gleichzeitig gespielt werden? Mir gefällt meine Vorstellung von Laclos als treuem *und* gerissenem Kerl; zärtlicher Liebhaber *und* Kriegsheld; immer noch verliebt in seine inzwischen auch alternde Marie Soulanges, der er seinen absonderlichen Plan der »Glücklichen Liebschaften« anvertraut *und* gleichzeitig, ohne daß das ein Widerspruch wäre, in seinem Kopf, dem des unverbesserlichen »Artilleristen«, die infamsten Verführungsstrategien ausklügelt.

F. G. Der Plan, eine Rolle zu spielen, ist das eine, sie dann aber wirklich zu spielen, etwas anderes. Ich kann mir weder Laclos noch jemand anderen vorstellen, der simultan den Kriegshelden spielt und Verführungsstrategien entwickelt und sich gleichzeitig als jemand aufspielt, der liebt, das traute Glück schätzt, mit Wonne ißt, was Marie Soulanges auftischt und sich um seine kleine Familie kümmert ... Nein! Ich glaube wirklich, es gibt eine Phase für die leidenschaftliche Liebe und eine andere, wo Liebe aus anderen Bindungen besteht ...

B.-H. L. Kurios, wie Sie das sehen.

F. G. Was nicht ausschließt, daß – obwohl man sich vor jeglicher Anfechtung geschützt wähnte – eine neue Leidenschaft entflammt und alles mit sich reißt. Aber seien wir ehrlich! Man erlebt nicht ein dutzendmal im Leben eine »große Leidenschaft«! Vielleicht zwei-, dreimal ... Höchstens ...

B.-H. L. Einspruch! Bin absolut nicht einverstanden!

F. G. Schon wieder mal!

B.-H. L. Gut – es ist spät; ich schlage Ihnen einen Kompromiß vor.

F. G. Kompromisse sind immer gefährlich!

B.-H. L. Im Grunde gibt es zwei große Modelle. Das erste ist die Idylle. Grob gefaßt, der Gedanke, daß man zueinander findet, sich mit dem anderen verbindet, die beiden Körper eins werden und die Seelen harmonieren. Das ist doch Ihr Gedanke, nicht wahr? Wo am Ziel dann jener Moment der Fusion kommt und die Turbulenzen der Liebe somit abgefangen sind.

F. G. Wenn man so will ...

B.-H. L. Und nun das andere Modell, das polemische, auf Krieg basierende. Die Vorstellung von Krieg – oder Eroberung –, den zu beenden es keinen Grund gibt. Das begann in der »Höfischen Literatur« und hält sich, in anderer Form, bis Baudelaire. Dieser Gedanke scheint mir luzider. Vor allem aber aufregender. Der sich nicht abfindet, wie der andere, mit dieser düsteren chronologischen Abfolge: erst die Zeit der Leidenschaft, dann die der Windstille. Einigen wir uns darauf, da Sie ja in diesem Punkt nicht nachgeben wollen, daß in diesem zweiten Modell etwas Starres, oder besser: Radikales steckt ...

F. G. Es freut mich, dies von Ihnen zu hören.

B.-H. L. ... und daß auch dies wiederum auf einer Art Postulat beruht: eine Wand zwischen den Liebenden, eine unüberschreitbare und fast geheiligte Grenze ...

F. G. Wenn ich nicht wüßte, auf welche Schule Sie gegangen sind, hätte ich es an der Art, wie Sie Ihr Thema aufrollen, erraten ... Doch, pardon, ich habe Sie unterbrochen.

B.-H. L. Wollen wir eine Zusammenfassung versuchen, oder nicht?

F. G. Versuchen wir's.

B.-H. L. Es geht doch darum: Wie lassen sich die Beziehungen zwischen Mann und Frau denken, ohne daß man sagt »Zwischen ihnen besteht eine Mauer und die ist unüberwindbar«, und ohne daß es heißt »Nichts steht zwischen ihnen, da ist nur scheinbar etwas Trennendes, und es ist die Gewißheit der Liebe, die sie wieder zusammenführen wird.«?

F. G. Richtig.

B.-H. L. Und meine Antwort lautet: Es gibt vielleicht noch ein drittes Bild. Das eines Abstands, oder einer Distanz, oder eines Zwischenraums, oder – um dieses häßliche, aber unmißverständliche Wort zu gebrauchen – dieses »Niemandsland«, das im Begehren zu erforschen wäre. Und das ändert alles, meiner Meinung nach. Denn diesen Zwischenraum gibt es; er hat seinen Gehalt, seine Konsistenz; und das widersetzt sich folglich dem naiven Traum von Fusion. Doch gleichzeitig ist es labil; man wandert hindurch, besichtigt; es ist der ideale Ort für allerlei Reisen und Abenteuer; und das steht dem Bild vom eisernen Vorhang zwischen den Herzen, das ich so entmutigend finde, entgegen. Zwischen meiner Geliebten und mir gibt es weder eine Mauer noch einen Abgrund, noch Leere. Weder das ewige Mißverständnis noch die obszöne Fusion mit der »Hälfte«. Es ist ein »Zwischen-zweien«, wie Daniel Sibony sagt. Und der Unendlichkeitscharakter dieses »Zwischen-zweien« macht auch mein Begehren unendlich.

F. G. Das Wort »obszön« zur Charakterisierung der unmöglichen Fusion lehne ich ab, doch alles andere gefällt mir gut, dieser Gedanke von einem Zwischenraum, in dem man sich bewegen, den man bereisen, in dem man sich mal flüchtig begegnen kann und wo das Begehren sich regeneriert. Warum es eines Tages verfliegt – die Frage bleibt bestehen ... Darüber müssen wir ein andermal sprechen!

B.-H. L. Diese Vorstellung ermöglicht es zumindest, das Anderssein des Partners zu bewahren, ohne ihn einzusperren. Der andere ist anders. Bis in alle Ewigkeit. Niemals werde ich die Mauern seiner Identität niederreißen, ja nicht einmal an ihnen rütteln. Er tut manchmal einen Schritt darüber hinaus. Entflieht für kurze Zeit. Und kommt mir näher, ohne sich mir zuzugesellen.

F. G. Das haben Sie schön gesagt! Ich möchte es nicht anders umschreiben, da Sie ja einräumen, daß man sich in der Lust zumindest doch trifft. Da wird die Mauer eingerissen, bevor jeder wieder in sein Anderssein zurückkehrt ...

B.-H. L. Sie ist sie, und ich bin ich. Aber es gibt Momente, wo wir, sie und ich, uns in diesem »Zwischen-zweien« der Lust befinden, wo weder sie noch ich zu Hause ist und wo wir uns berühren. Über Details möchte ich nicht sprechen. Aber ist es nicht das, was man Wollust nennt? wird die erotische Lust nicht genau in diesen Momenten am intensivsten?

F. G. Ich möchte noch einmal einen Schritt zurückgehen. Sie streiften die berühmte These Rougemonts über die Unvereinbarkeit von Leidenschaft und Ehe, ehelicher Liebe. Vertreten Sie diese These auch, oder lehnen Sie sie ab?

B.-H. L. Nein, nein, ich lehne sie ab. Ich bin übrigens nicht einmal sicher, daß Rougemont selbst ... Was sagt er eigentlich? Gibt es nicht eine Neuauflage des Buches mit einem neuen Vorwort, in dem er sagt, man habe ihn falsch interpretiert und so habe er es nicht geschrieben? Ich weiß es plötzlich nicht mehr.

F. G. Nein, er hat nicht widerrufen. Kurz gesagt, wenn ich ihn richtig gelesen habe – und das ist lange her –, dann heißt es dort, Leidenschaft sei immer tragisch, Leidenschaft bedeute Leid, Erlittenes, Vorherrschaft des Schicksals gegenüber einer freien und verantwortlichen Person. Es bedeute, die Liebe stärker zu lieben als den Gegenstand der Liebe. Er entwickelt seine These an der Tristan-Figur, dem Archetyp ... Und er stellt fest, leidenschaftliche Liebe sei die radikale Verurteilung der Ehe, weil ihre Ursprünge und ihre Ziele einander ausschließen. Er schreibt: »Die Liebe, wie man sie sich heute vorstellt, das heißt die Leidenschaft, ist die schlichte und einfache Negation der Ehe, die man darauf zu bauen vorgibt.« Und weiter: »Nicht die Ehescheidung ist zu einfach geworden; es ist die Ehe, die akzeptiert, daß Liebe zur Eheschließung genüge, ungeachtet der Gepflogenheiten des Milieus, der Erziehung, des Vermögens ...« Das ist natürlich meine Zusammenfassung.

B.-H. L. Um ehrlich zu sein, ich habe keine feste Vorstellung von Ehe. Ich bin nicht fanatisch für die Ehe, bin auch nicht fanatisch dagegen. Müssen wir darüber auch noch reden? Muß man eine Position beziehen?

F. G. Man muß gar nichts. Doch man kann die Frage nicht vom Tisch wischen, wenn man vorgibt, über die Beziehungen von Mann und Frau zu sprechen. Das ist doch ein wesentlicher Punkt.

B.-H. L. Gut. Wenn das so wesentlich ist ... Dann werden wir morgen darüber sprechen.

6 Über die Erotik
als Würze der Ehe

B.-H. L. Nun also die Ehe. Im großen und ganzen, und wäre es nur aus Widerspruchsgeist, würde ich sie eigentlich verteidigen. Alles, was dagegen gesagt wird, ist so abgeschmackt, so konventionell, so dürftig ...

F. G. Ich verteidige sie nicht, nur in einem ganz präzisen Punkt: wenn man heiratet, um Kinder zu haben, eine Familie zu gründen – wenn das der Zweck der Ehe ist. Aber sonst ... Was mich abstößt in der Ehe, ist das Zusammenleben ... Das gemeinsame Badezimmer ... Daß man es miterlebt, wenn der andere sich gehenläßt ... Die ewigen Reibereien wegen tausenderlei Belanglosigkeiten ... Wenn der andere stundenlang telefoniert, keine Ordnung halten kann, und was es sonst so alles gibt ... Ich brauche und brauchte schon immer Raum und Zeit, um allein sein zu können, und über diesen Freiraum habe ich stets eifersüchtig gewacht; diese Unabhängigkeit, wenn sie vielleicht auch nur Illusion ist, die daraus erwächst, daß man nicht Abend für Abend *automatisch* zusammensitzt, sondern zu einer Verabredung kommt ... Für mich sollte jeder Abend neu erlebt werden wie ein Rendezvous ... Sofern man es sich materiell erlauben kann, sollte man sich meiner Ansicht nach mit aller Kraft gegen die Versuchung des Zusammenlebens wehren.

B.-H. L. Sie wollen mir doch wohl nicht sagen, daß Sie nie ...

F. G. Mit einem Mann zusammengelebt habe? Natürlich habe ich das. Ich war schließlich zehn Jahre lang verheiratet.

Aber bei den anderen, bei allen anderen habe ich mich stets dagegen gewehrt ... Selbst wenn es ihnen manchmal schwerfiel, meinen Widerstand zu begreifen.

B.-H. L. Ich kann mich nicht erinnern, je allein gelebt zu haben. Ich hatte immer ein Zuhause oder lebte in Hotels, und wenn ich gerade kein Zuhause hatte, waren da andere Häuser, andere Hotels. Ich habe in Paris gelebt, aber auch fern von Paris. Das Schicksal hat es so gefügt (ob das gut oder schlecht war, wird sich eines Tages erweisen ...), daß ich – sagen wir es einmal so – auf tausendundeine Art das Zusammenleben mit einer Frau erproben konnte. Und – verzeihen Sie mir, wenn ich das sage –: nie ..., nein, wirklich nie ... habe ich es so empfunden, wie Sie es schildern ... Diese Belastung des Zusammenlebens, diese »Reibereien« wegen tausenderlei Belanglosigkeiten, dieses Theater wegen Zahnbürste, Badezimmer, das alles hat mich – auch wenn ich noch so weit zurückdenke (bis zu der Zeit und folglich inklusive meines »Nomadendaseins« oder jener Perioden, wo ich ein »armer Schlucker« war und das Zusammenleben sich in zwei Zimmern und auf dreißig Quadratmetern abspielte) – niemals wirklich gestört ...

F. G. Das Badezimmer ist ja nur ein Beispiel. Aber das Gefühl, aneinander zu kleben, das ist nicht unwesentlich. Ich muß frei atmen können. Und als man mich zu kurz anband, habe ich die Kette gesprengt. Dabei war mein Mann ein kultivierter Mensch, der das keineswegs beabsichtigte. Nur ... die Ehe ist eben so angelegt: man ist immer beisammen. Ich kann es auch verstehen, daß man das mag, aber in mir kommt dann Widerstand auf. Unvorstellbar also, wenn ich, wie so viele Menschen heutzutage, ein »Schubladendasein« hätte führen müssen ...

Aber ich kenne Ehepaare, die dieses ständige Miteinander, diese lückenlose Abhängigkeit, wo selbst ein Abendessen, das man ohne den anderen einnimmt, zum Ereignis wird, sehr gut ertragen. Da ist wohl bei mir etwas schief ...

B.-H. L. Nein, nein, bei Ihnen ist da nichts schief. Selbst auf die Gefahr hin, Sie zu schockieren, habe ich eher den Eindruck, als entsprächen Sie in diesem Punkt dem Zeitgeist. Es gab mal eine Epoche, das stimmt, wo die Ehe die Norm war. Und diejenigen, die das bourgeoise Denken mit allem, was es an Vorsorge- und Fürsorgeverhalten beinhaltet, vehement bekämpften, mußten natürlich der Ehe den Krieg erklären. Das war die mieseste aller miesen Institutionen. Die übelste aller Konventionen. Die Inkarnation des Schlimmsten überhaupt in der »bourgeoisen Mentalität«. Was aber bedeutet heute »bourgeoise Mentalität«? Immer noch die gleiche Vorsicht. Die gleiche Scheu vor dem Wagnis. Die gleiche Umsicht, das bedachte Abwägen von Gesten, Worten und persönlichem Einsatz. Nur hat besagte Umsicht plötzlich das Lager gewechselt, und so könnte sie zur Eigenart jener werden, die zu Vorsicht, Unabhängigkeit, Wachsamkeit mahnen, aber jeder für sich, eingeigelt in sich ...

F. G. Der Zeitgeist ... Der ist schon längst nicht mehr der meine, und das kümmert mich auch nicht. Was ich nicht so recht verstehe, ist Ihre »Scheu vor dem Wagnis«, wenn jemand die Ehe vielleicht doch ernst nimmt.

B.-H. L. Das meine ich ja ...

F. G. Das ist eine ernste Angelegenheit. Bei der Scheidung fügt man dem anderen und auch sich selbst Wunden zu, und das ist eine andere Verletzung als ein simpler Bruch.

B.-H. L. Das ist genau meine Meinung. Und dennoch, oder gerade deswegen, kam mir der Gedanke, daß bei der aktuellen Antiehevulgata etwas wie »Oh, lieber Gott! Was für Risiken! Warum soll ich mir all diese Risiken antun?« mitspielt, was nicht sehr sympathisch ist.

F. G. Ich vermute, daß meine Abwehr des Zusammenlebens einen völlig anderen Ursprung hat. Sie kommt sicher daher, daß mein Vater starb, als ich noch sehr klein war ... Ich hatte nie einen Mann im Haus erlebt ... Der Platz, den ein Mann einnimmt, die Rücksicht, die man auf ihn nimmt – oder auch nicht –, beim Frühstück das unrasierte Gesicht und der verknitterte Schlafanzug, das ewige »Vergiß nicht, mir Geld dazulassen ...« und dieses »Macht nicht so viel Lärm, Kinder, Papa ist müde, oder Papa arbeitet ...«, dieses »Wo ist denn bloß mein weißes Hemd, wieso ist es nicht gebügelt, nein, nicht das da!« ... Ein Mann bei mir, das war für mich immer ein Fest und niemals Routine. Und da ich nicht will, daß man mir mein Fest verdirbt ...

B.-H. L. Vertrauen gegen Vertrauen – Sie fragten mich neulich (wenn ich mich recht erinnere, war es am ersten Tag und gleich Ihre erste Frage), ob ich die Frauen liebe.

F. G. Ja. Und das frage ich mich noch immer.

B.-H. L. Ich weiß nicht mehr, was ich Ihnen geantwortet habe. Es dürfte eine ungeschickte, eine Verlegenheitsantwort gewesen sein. Es ist einem ja wohl immer peinlich, so aufs Geratewohl zu erklären: »Ich liebe die Frauen« ...

F. G. Das genau haben Sie mir geantwortet.

B.-H. L. Mag sein, jetzt aber möchte ich Ihnen im Vertrauen sagen: Ja, ich liebe sie. Ich liebe sie unendlich. Und weil ich sie unendlich liebe, konnte ich nie anders leben als in ihrer unmittelbaren Nähe. Sie schildern den Alltag. Die kleinen Dinge, die einen im Alltag stören können. Aber mir gefällt auch das! Es erschüttert mich manchmal sogar! Eine Frau in der Badewanne ... Eine Frau, die sich anzieht ... Eine Frau, die sich schminkt ... Seit meiner Kindheit verwirrt mich die Vorstellung einer Frau vor ihrem Schminkspiegel ... Vom anderen ganz zu schweigen ... Von allem anderen ... Bis hin zu diesem verborgensten Geheimnis, das »sie« mit allen Mitteln geheimzuhalten sucht und das man trotz alledem erahnt.

F. G. Ein hübscher Gedanke ...

B.-H. L. Das ist kein Gedanke.

F. G. Hier kann ich Ihnen ganz und gar folgen. Wenn ich ein Mann wäre, würde auch mich die Privatsphäre einer Frau, ihr Parfum, ihre Art, das Haar hochzustreichen, ihre Wäschegarnitur und auch das, was Sie das »verborgenste Geheimnis« nennen, faszinieren ... Genau da liegt aber der Unterschied: Ein Mann ist keine Frau. Und nichts, zumindest in meinen Augen, ist dem vergleichbar aus der Privatsphäre des Mannes. Ein Mann, der sich rasiert, ist zwar nicht abstoßend, aber auch nicht hochgradig erregend, oder ästhetisch. Notfalls – sofern er ein Adonis ist – unter der Dusche ... Aber auch mit Einschränkungen ... Ein nackter Mann wirkt leicht lächerlich, wenn er sich nicht im Glanz all seiner Männlichkeit präsentiert. Nein, wirklich, das läßt sich nicht vergleichen. Ich glaube, daß ich die Männer genauso liebe wie Sie die Frauen. Oft rühren sie mich, wenn ein Detail erkennen läßt, daß sie entwaffnet, verletzlich sind, und das wirkt dann wie ein Kontrapunkt zu der Kraft, der ich mich gegenübersehe. Aber ich mag zum Beispiel nicht, wenn sie nach Zigarren riechen. Selbst wenn ich es tapfer ertrage, weil ich ihre Freiheit respektiere.

B.-H. L. Dazu, liebe Françoise, habe ich nichts zu sagen. Höchstens, daß ich persönlich in der Vorstellung lebe, daß das, was wir den Alltag nennen, eine eigene Erotik erzeugt. Aber vielleicht irre ich mich ja auch, wenn ich's recht bedenke ... Vielleicht ist das wieder so eine Männeridee ...

F. G. Ich glaube, es ist vor allem eine persönliche Einstellung. Während wir darüber sprachen, haben wir uns gegenseitig, mehr als uns lieb ist, ins Vertrauen gezogen. Sei's drum ... So laufen Gespräche nun einmal ab.

B.-H. L. Ja. Mit einem Grundgedanken aber, immerhin. Und das sage ich nicht, um das Übermaß an Vertraulichkeit zu »entschuldigen«. Aber hinter dem, was wir sagten, stecken zwei Vorstellungen von Erotik. Mir scheint zumindest ...

F. G. Was wollen Sie sagen?

B.-H. L. Für mich ist Erotik immer ein subtiles Spiel zwischen Unsichtbarem und Sichtbarem ... Verschleierung und Entschleierung ... Äußerste Reserviertheit und plötzliche Nacktheit ... Scham, Zurückhaltung, Inszenierung, alles, was Sie wollen – und dann unvermittelt, ohne Vorwarnung, Schamlosigkeit, Obszönität ...

F. G. Barthes sagt, die erotischste Stelle am Körper sei die, wo das Kleidungsstück klafft. Das Changierende, Intermittierende sei erotisch. Wo die Haut aufblitzt zwischen zwei Teilen, zwischen zwei Säumen.

B.-H. L. Das trifft es. Und in dieser Hinsicht habe ich nicht allzu viel Vertrauen in Ihre These vom »Abend, der immer neu erlebt werden soll, wie ein Rendezvous«. Das wirkt leicht zu gekünstelt, für meinen Geschmack. Zu inszeniert. Da bleibt zu wenig Raum für alles andere: für verpatzte Momente, für einen Lapsus, für eine unerwartete Einmischung des Körpers und des aufwallenden Begehrens. Im Alltag hingegen ... Im »Zusammenleben«, wie Sie sagen ... Was gut ist im Zusammenleben, ist doch dies: »Sie« wird natürlich weiter spielen, weiterhin inszenieren. Wird alle erdenklichen Kräfte aufbieten, um mich – vielleicht auch sich selbst? – zu überzeugen, daß – abgesehen von den Momenten des Rausches, der Ekstase, des Überschwangs – der Körper nur ein Köder und die Physiologie eine Illusion ist. Mit anderen Worten: sie stellt es listig an. Nutzt alle Tricks und Schliche. Sie wird mir (und ich ihr ...) eine doch eigentlich alberne Komödie vorspielen, die mich glauben machen soll, sie sei reiner Geist. Bis zu dem Augenblick – und den finde ich immer so umwerfend –, wo ein Wort, ein Detail, ein Seufzer der Seele oder des Leibes, eine flüchtige Gebärde, eine angedeutete Attitüde sie verraten und ihrem Geliebten (der im Augenblick auch ihr Gatte ist) zu verstehen geben, daß der Körper immer noch da ist und die Natur, wenn man sie verleugnet, sich rächt ... auch in diesem Punkt bleibe ich ein Bataille-Anhänger: Erotik ist das Maximum an Komödie, an Ritual. Mit – was nicht immer programmiert ist – Rückfällen in die Obszönität ...

F. G. Ich erkenne keine zwei widersprüchlichen Ideen in dem, was wir über Erotik sagen. »Jeden Abend neu erleben, wie ein Rendezvous« bedeutet: »Keiner von uns beiden hat das Recht, sich in Sicherheit zu wiegen, zu glauben, er könne den anderen besitzen, gewiß zu sein, daß der *automatisch*, weil wir ja verheiratet sind, auch morgen abend da ist.« Dieser Pakt muß täglich neu geschlossen werden. Eine Uhrzeit für Erotik gibt es allerdings nicht ... Jede Stunde »kann zum Schäferstündchen werden ...« Nicht zusammen zu leben bedeutet nicht, daß man darauf verzichtet, viele Stunden miteinander zu verbringen, manchmal schon, weil man miteinander arbeitet und sich dabei blitzartig das vollzieht, was Sie »Rückfall in Obszönität« nennen ...

B.-H. L. Ich singe ja nicht das Lied des »vollkaskoversicherten« Paares ... Oder der »automatischen« Anwesenheit ... Ich lobe mir jedoch den Alltag, denn ich glaube, daß er ein – erotisches – Loblied verdient.

F. G. Tun Sie's. Doch das Problem bleibt dennoch bestehen. Ich sehe nicht recht, wie Sie weiterhin »dafür« sein können ...

B.-H. L. Ich wüßte nicht, warum ich dagegen sein sollte ...

F. G. Weil Sie – Pardon! – schon zwei mißglückte hinter sich haben.

B.-H. L. Ich habe durchaus nicht das Gefühl, daß mir irgend etwas »mißglückt« ist.

F. G. Gut.

B.-H. L. Sie erinnern sich doch an die Geschichte mit Clavel. Er hatte einen alten Kumpel namens Charles Verny, mit dem er von heute auf morgen jeglichen Kontakt abbrach. Eine gemeinsame Freundin – Françoise Verny – versuchte zu vermitteln. »Charles ist traurig, er begreift nicht, wieso du ihm böse bist.« Clavel: »Charles hat sich scheiden lassen; ich bin Katholik; mit einem geschiedenen Mann kann ich nicht befreundet bleiben.« Die gemeinsame Freundin: »Sag mal, machst du dich lustig über mich? Du bist doch selbst schon dreimal geschieden! Du willst dich doch wohl nicht als Tugendapostel aufspielen?« Darauf Clavel, hochmütig: »Stimmt! Aber Vorsicht! Mein Fall tut nichts zur Sache! Ich bin erst bei der dritten katholisch geworden und bei meiner letzten Scheidung ...«

F. G. Na, dann herzliche Glückwünsche – im voraus – zu Ihrer dritten Eheschließung!

B.-H. L. Das trifft's nicht. Ich bin nicht katholisch und auch nicht auf dem Wege, es zu werden. Aber dieses Männergeschwätz vom Junggesellentum, diese Single-Ideologie geht mir auf die Nerven. Wir sprachen neulich über Huysmans. Ich weiß nicht mehr, ob Sie oder ich ihn erwähnten ...

F. G. Sie waren es. Sein Des Esseintes ist schon eine tolle Type. Aber Sie haben recht. Der Junggeselle aus Ideologie wirkt immer irgendwie hämisch und gleichzeitig dumm. Nur ... die Ehe basierte doch lange Zeit auf Werten – gesellschaftliche Zwänge, religiöse Zwänge, Ehebruch war ein »Verbrechen« –, die es sozusagen nicht mehr gibt. Wir haben also einen Punkt erreicht, wo man sich fragen könnte: »Im Grunde, wozu das alles?« Die Antwort sei jedem freigestellt.

B.-H. L. Da ist nicht nur Des Esseintes ... Auch nicht nur Huysmans ... Eine ganze Horde hat die Ehekritik zur Doktrin erhoben ... Balzac, natürlich. Aber auch die Brüder Goncourt. Und Flaubert. Sogar Zola. Und bei manchen von ihnen wird neben dem Spaß am Anzüglichen, am Schlüpfrigen doch eine sehr stümperhafte Konzeption dessen, was sie »das Junggesellenleben« nennen, erkennbar. Es war die Zeit der elitären Magny-Diners. Die Zeit, wo man sich – mit Vorliebe in Gesellschaft – die tiefschürfende und schwerwiegende Frage stellte: Kann der Künstler überhaupt heiraten? hat er das Recht dazu? büßt er nicht, indem er dies tut, seine schöpferische Potenz, seine Substanz ein? Sie werden einwenden, daß in all dem doch eine eher gesunde Reaktion auf das vorherrschende Modell jener Zeit steckte, und dieses Modell waren die ehelichen Bande. Einverstanden. Aber heute sind wir weiter. Von den ehelichen Banden ist keine Rede mehr. Aber das Gerede vom Single-Dasein ist immer noch hochaktuell – wenn es auch schon ranzig riecht, muffig, miefig ...

F. G. Balzac und Konsorten, ihr Kokettieren mit Ehebruch und Ehe zu dritt – das ist nun wirklich passé ... Das paßt zum Mitgiftjäger ... Dabei sollten wir uns nicht aufhalten. Ist dieser Junggesellen-Diskurs heute wirklich noch aktuell? Anscheinend, da Sie es sagen. Mir ist nie etwas zu Ohren gekommen. Auch nicht von jenen jungen Frauen, den Erbinnen des Mai 68, die vor dem Engagement Ehe zurückschrecken. Vor allem aber kenne ich unverheiratete Männer, die – wie man so sagt – im Konkubinat lebten und sich eines Tages durch ihre Lebensgefährtin ihres Kindes beraubt sahen und darüber verzweifelt waren ... Aus denen werden in der Tat hämische Junggesellen.

B.-H. L. »Junge Frauen, die vor dem Engagement Ehe zurückschrecken« – sind Sie sicher?

F. G. Gewiß nicht alle. Aber diejenigen, die einen Beruf haben, die schon eine oder zwei mehr oder weniger glückliche Beziehungen hinter sich haben und die nicht die Ehe anvisieren – wie ein Karnickel, auf das man's abgesehen hat. Wissen Sie, wie viele Kinder 1990 außerehelich geboren wurden? 230 000. Das gibt Ihnen eine Vorstellung von der Zahl der ganz bewußt illegitimen Paare ...

B.-H. L. Das erinnert an das Thema der sexuellen Befreiung, über das wir neulich sprachen ... Es wird immer deutlicher, daß wir nicht dieselben Frauen kennen. Alle, die ich treffe, die mir über den Weg laufen oder denen ich flüchtig begegnet bin, schienen mir recht ehewillig ... Wie ein

Karnickel, das man anvisiert …, weiß nicht so recht. Aber der Gedanke an eine Ehe, der Traum von einer Ehe, das Träumen von gewissen Plänen – oder Illusionen? – mit Ewigkeitscharakter – das schon.

F. G. Ist ja auch völlig normal. Ich sage ja nur, daß die Ehe nicht mehr das einzige Ziel, nicht mehr das einzige Anliegen, nicht mehr das einzige Bestreben im Leben eines jungen Mädchens ist, wie es lange Zeit der Fall war. Das scheint mir doch offensichtlich.

B.-H. L. Ich frage mich, ob wir nicht seit Stunden um die gleiche Frage kreisen.

F. G. Welche?

B.-H. L. Welches Argument führen jene ins Feld, die der Ehe ablehnend gegenüberstehen? Sie erwähnten ganz zu Anfang Rougemont. Den Gedanken, daß Zwecke sich ausschließen … Daß Liebe Leidenschaft ist und Ehe Leidenschaft ausschließt …

F. G. Nein. In Rougemonts Sprache bedeutet Leidenschaft ja gerade nicht Liebe. Sie ist eine – irgendwie fatale – Version der Liebe, während glückliche Liebe fast etwas Anrüchiges ist.

B.-H. L. Dieses Argument ist doch uralt. Sie sagten, wir lebten nicht mehr im 19. Jahrhundert. Gut. Aber genau so redete man damals. Für die Ehe ist man aus gesellschaftlichen und – schlimmstenfalls – sozusagen hygienischen Gründen. Eine »saubere« Ehe muß es sein. Die Ehe wirkt »prophylaktisch«. Die Ehe bewahrt vor dem Sumpf, vor den Dirnen usw. Und gleichzeitig ist sie etwas Verächtliches. Etwas Minderwertiges. Ein falscher und häßlicher Abklatsch des Lebens – aus dem der Sturm der Leidenschaft einen herausreißt …

F. G. Aber was reden Sie denn da?!

B.-H. L. Sagen wir es noch anders … Der Gedanke ist doch, daß Leidenschaft nur befristet möglich ist … Daß sie sich abnützt … Abklingt … Und folglich unvereinbar ist mit der Dauer einer Ehe … Nun, ich dachte, ich hätte es gesagt … Nein? Doch? Ich glaube nicht, daß das stimmt … Ich glaube an keine Fatalität, die bewirkt, daß Leidenschaft sich abnützt …

F. G. Wenn es Ihnen lieber ist, sagen wir doch: sie erlischt. Und manchmal urplötzlich. Gestern warfen Sie mir vor, »romantisch« zu sein; heute wollen Sie mir doch wohl nicht weismachen, eine große Leidenschaft könne ewig anhalten! In den Mythen regelt der Tod das Problem. Oder könnte man sich Tristan vorstellen, der, nachdem er drei Kinder mit ihr gezeugt, neben Isolde sein Alter genießt?

B.-H. L. Warum nicht?

F. G. Im Leben ist es doch gerade der Lebensablauf, der das Begehren schwinden läßt und ein anderes erzeugt, für ein anderes Liebesobjekt … Uns fehlen die Wörter, um das zu sagen, was Rougemont sehr gut ausdrückt: Es gibt eine Liebe, die sich nicht aus Leidenschaft nährt, sondern aus Zuneigung, aus gemeinsamen Vorlieben und Interessen im weitesten Sinne des Wortes, aus bedachter Zärtlichkeit, aus Treue, selbst wenn sie mitunter schwerfällt, eine Liebe, die tiefer und nicht schwächer werden kann und die keinen Namen trägt. Und auf dieser, der wohlbedachten Liebe, nicht auf Leidenschaft, läßt sich erfolgreich eine Ehe gründen. Wie ich sehe, haben die jungen Leute von heute das auch begriffen. Zumindest viele von ihnen. Sie heiraten nicht, nicht sofort, sondern leben zusammen, oft jahrelang, bevor sie sich binden. Und das wurde möglich, weil die Mädchen nicht mehr auf die Ehe versessen sind, keine Angst mehr haben, »sitzengelassen« zu werden ... Und das ist ein bedeutsamer Wandel.

B.-H. L. Ich bin nicht romantisch. Bemühe mich zumindest, es nicht zu sein. Und ich habe in nächster Nähe oft genug miterlebt, wie Bindungen sich lösten, um es sehr, sehr vorsichtig auszudrücken. Und dennoch sage ich nicht, »sie nutzen sich ab«. Auch nicht, daß »Leidenschaften erlöschen«. Nicht nur, weil diese Wörter häßlich sind (obwohl ja auch das zählt, nicht wahr? die Häßlichkeit eines Wortes). Ich verwerfe den Gedanken als solchen. Denn in beiden Fällen ist der Gedanke derselbe. Mal sagen Sie, die Leidenschaft »erlischt« – und dabei denken Sie an eine Art Flamme oder Kerze mit automatisch begrenzter Brenndauer. Dann sagen Sie, sie »nutzt sich ab« – wie ein morscher Strick, an dem man zieht, bis er denn endlich zu reißen geruht. Der gemeinsame Nenner ist der, daß Sie unter Leidenschaft eine Art Masse oder Vorrat verstehen und diese Wörter schon das Reduzieren implizieren. Es gibt eine Liebesreserve, an der man zieht und zieht, bis eines schönen Tages nichts mehr vorhanden ist. Man hat die Leidenschaft ausgeschöpft, als hätte man ein Bankkonto geleert. Und das kann ich nicht glauben ... Ich glaube einfach nicht, absolut nicht, daß es sich so abspielt ...

F. G. Ich stelle mir die Leidenschaft nicht wie einen sich langsam erschöpfenden »Vorrat« oder wie eine langsam niederbrennende Flamme vor. Erloschen: ein schlechtes Wort, da gebe ich Ihnen recht, obwohl Proust es gebraucht. Ich finde kein besseres, um auszudrücken, daß da eines Tages etwas reißt – das ist's! –, sich verflüchtigt, dahinsiecht – was weiß ich? Es war einmal da und ist nicht mehr da.

B.-H. L. Die Frage ist: Warum? Ja, warum war es da und ist nun nicht mehr da? warum hört man auf zu lieben? warum reißt das Band? Die Leute sagen: »Das ist unvermeidlich.« Sie selbst sagen: »Leidenschaft ist nicht ewig.« Und wenn Sie so sicher sind, daß Leidenschaft nicht andauern kann, dann glauben Sie auch an dieses Gerede von Abnutzung und Überdruß. Ich glaube nicht daran. Natürlich weiß ich, daß man etwas abbricht, daß man sich trennt, aber ich glaube nicht, daß es aus »Überdruß« geschieht …

F. G. Nein. Noch einmal: ich glaube nicht an »Überdruß«, wenn Leidenschaft da ist. Und wenn ich sage, Leidenschaft währe nicht ewig, eines Tages käme so etwas wie ein Erwachen, dann verfechte ich damit keine Theorie. Es ist eine banale Beobachtung. Ich weiß, daß sie nicht annehmbar ist, wenn man selbst von einer Leidenschaft besessen ist. Da kann man sich alles vorstellen, nur ganz bestimmt nicht, daß sie eines Tages aus Herz und Sinnen schwindet. Das ist schlicht unvorstellbar. Und dennoch ist sie eines Tages wie weggeblasen. Und wenn eine Frau das feststellt, wenn sie den Bruch vollzieht, dann wird sie unerbittlich. Die Männer seilen sich … höflicher, unentschlossener ab, wie mir scheint, haben manchmal sogar Gewissensbisse, vielleicht aber auch nicht … Aber Sie scheinen zu wissen, warum es eines Tages vorbei ist. Sagen Sie es mir, ich weiß es nicht …

B.-H. L. Ich auch nicht, auch ich »weiß« es nicht. Wer kann sich schon rühmen, es zu »wissen«? Ich habe meine Beobachtungen … Simple Beobachtungen … Auch mir wurde berichtet … Vertraulich berichtet … Wie Sie wissen, habe ich einen Roman geschrieben, wo auf weiten Strekken eine Frau erzählt … Da hatte ich Informationen eingeholt … Alles basierte auf diesen Informationen.

F. G. Diesen Paul-Bourget-Zug kannte ich noch nicht an Ihnen ... Pardon, ich will Sie nur necken.

B.-H. L. So übel ist das nicht, Marie Bourget ... Gar nicht so übel ... Ein großer Stendhal-Leser ... Hat Proust inspiriert, der in einer seiner zehn »Frauenstudien« Züge von Odette übernimmt ... Sie werden sehen, eines Tages wird er rehabilitiert.

F. G. Mir soll's recht sein.

B.-H. L. Worüber sprachen wir eigentlich? Die Schlüsselfrage ist doch wohl die Frage nach der Sexualität, oder? Daran denkt man doch, wenn man von Verschleiß und Überdruß spricht?

F. G. Halt! Das ist viel komplizierter. Es gibt Paare, bei denen auf diesem Sektor noch alles bestens »klappt«, wenn ich einen solchen Ausdruck gebrauchen darf, die Liebe aber dennoch schwindet, beim einen oder beim anderen oder bei beiden. Im allgemeinen beim einen früher als beim anderen. Und dieses Nicht-mehr-Lieben wird ebenso beherrschend wie die Leidenschaft. Plötzlich erkennt man, daß dieser Schönheitsfleck ja eine Warze war!

B.-H. L. Wie Sie wollen ... Aber »das andere« ist dennoch gemeint. Man sagt: »Wir verstehen uns eben nicht mehr; es klappt nicht mehr; es ist nicht mehr die große Leidenschaft wie früher.« Doch das bedeutet in den meisten Fällen: »Ich begehre ihn (sie) nicht mehr; die körperliche Anziehungskraft ist weg, dieses herrliche sinnliche Verlangen.«

F. G. Das kann es auch sein: das Erlöschen des sinnlichen Begehrens. Das muß man nämlich pflegen! Aber irgendwann kommt es, das Verlöschen. Und trotzdem würde ich das Nicht-mehr-Lieben nicht auf dieses, sagen wir einmal, »mechanische« Phänomen reduzieren ...

B.-H. L. Man kann es ausdrücken, wie man will. Die Realität ist da. Tage vergehen. Wochen. Jeder neue Tag, jede neue Woche macht die unsichtbare Grenze, die die beiden Körper jetzt trennt, immer unüberwindbarer. Jeder neue Tag, jede neue Woche läßt die Sackgasse, in die sie sich hineinmanövriert haben, verhängnisvoller, beängstigender werden. Und sie sind gezwungen, zu erkennen – auch wenn es ihnen noch so schwerfällt –, daß sich eigentlich nichts verändert hat und doch alles anders ist; sie sind keine Feinde, aber einander fremd; äußerlich gesehen, läßt nichts ihren neuen Zustand erkennen, aber sie kennen das schreckliche Geheimnis – sie wissen um das Elend, das jetzt ihr Los ist. Im allgemeinen sind es die Frauen, die nicht mehr mitspielen. In der ersten Phase schweigen sie. Stecken alles ein. Resignieren. Sie akzeptieren – sofern sie nicht gar, und zwar aktiv! daran mitwirken – die begütigende Version der Situation, die man ihnen darbietet. Darüber steht genug in der Literatur. Bei Balzac, aber auch – in einem anderen Genre – bei Courteline. Sie spielen Komödie, täuschen Kopfschmerzen vor, sind dauernd »zu müde«. Sobald man nur mehr zu zweit ist, wird man schläfrig, oder tut zumindest so ... Sie erfinden tausenderlei fadenscheinige Erklärungen, die ihnen willkommen sind, bis zu dem Tag, wo sie sich sagen: »Jetzt reicht's! Ich bin das ganze Getue leid!« Und an diesem Tag beginnen sie, sich aufzulehnen. Stillschweigend, meistens – aber Auflehnung ist da. Dann nehmen sie sich einen Liebhaber, und dem schütten sie ihr Herz aus.

F. G. Jetzt sind wir von der Leidenschaft aber schon weit weg. Sie sprechen da vom sinnlichen Begehren, das in allen Beziehungen, zumindest auf seiten der Männer, mehr oder weniger mitspielt ... Ja, und das »nutzt sich ab«, was Sie vorhin nicht zugeben wollten. Und nichts ist trauriger, als so zu tun, als wäre es nicht ermattet. Sich sagen zu müssen, nach dem schrecklichen Diktum Albert Cohens: »Wer A sagt in der Liebe, muß auch B sagen.« Abbrechen muß man! Schleunigst Schluß machen! Oder aber – wenn man sich in allen anderen Bereichen sehr gut versteht, gerne zusammenlebt, enge Bande geknüpft hat –, dann nimmt eben jeder von beiden sich einen Liebhaber. Das ist eine andere Möglichkeit, die relativ häufig ist.

B.-H. L. Warten Sie! Darüber müssen wir noch reden, über das Abbrechen! Und über den neuen Partner! Im Augenblick sind wir noch bei der Frage: Was passiert, wenn sie aufhören, einander zu lieben und sich trennen – was ist los, wenn sie aufhören, einander zu begehren? Ich halte daran fest, um Ihnen zwei Dinge zu erklären. Erstens: die Zeit als solche ist daran unschuldig. In der Zeit als solcher steckt nichts, was sich einer Fortdauer des Begehrens widersetzen würde. Es sind auch nicht die Körper, die ermatten, sich aneinander gewöhnt und dadurch ihren Zauber, ihr Geheimnis eingebüßt haben. Nein, das alles ist es nicht. Das kann es nicht sein, weil wir ja beide in dem Gedanken übereinstimmen, daß das Begehren ein Vehikel ist, mit dem wir besagten Zwischenraum erforschen. Und dieser Raum ist doch unendlich, oder? Und somit kann besagtes Begehren doch wohl auch nur unendlich sein, oder?

F. G. Was ist denn dann schuld?

B.-H. L. Begehren ... unendlich ..., wir müssen's zu fassen suchen. Daß im sinnlichen Begehren, im Kern dieses Begehrens alles angelegt ist, um – wie jemand sagte – in seinem

Sein zu verharren, daran dürfen wir nicht rütteln. Das Begehren ist wie die Bewegung bei Descartes. Es dauert an. Es dauert fort. Eventuell hält es ewig an. Wenn da nur Begehren wäre, wenn es nicht von anders gearteten Dingen, Leidenschaften überlagert, verwirrt, verfälscht würde, so könnte es nie erlahmen in seiner Ausdauer. Und nun der zweite Punkt ...

F. G. Aber jede Begierde erschöpft sich! Nicht nur *das* Begehren ... Ihr unendlicher Raum, das mag ja noch angehen ... Aber der Partner ändert sich ... Jeder ändert sich im Laufe der Jahre ... Ich meine nicht nur die physische Veränderung, die man ja kaum wahrnimmt, wenn man zusammenlebt, aber all die subtileren Veränderungen ... Man hat sich in einen heißblütigen und mittellosen jungen Mann verliebt, der schreiben wollte ... Und da hat man nun einen Industriellen neben sich, den nur seine Wechsel interessieren. Man hatte sich in eine verträumte und zerbrechliche junge Frau verliebt ... Und hat im Bett eine Boeing-Pilotin. Und man selbst, was ist aus einem geworden? Ich karikiere kaum. Man liebt eine Phase eines Menschen. Und diese momentane Phase ist in ihrem Wesen schon gefährdet.

B.-H. L. Lassen Sie mich meinen Gedanken zu Ende führen. Der zweite Punkt, sagte ich, bringt besagte »Verwirrung«, etwas gerät ins »Wanken«, ein »Parasit« schleicht sich ein – und viele andere Dinge, die das reine Spiel des Begehrens überlagern. Und was ist das? Natürlich auch Leidenschaften. Andere Leidenschaften. Der simpelste Fall: eine andere Frau – ein anderer Mann –, die den Platz des gestern noch geliebten Wesens einnehmen.

F. G. Elementar, mein lieber Watson ...

B.-H. L. Das kann aber andere Formen annehmen. Mit dem gleichen Partner kann eine andere, starke, beherrschende Leidenschaft entstehen, die die erste überlagert und ihren Raum ausfüllt. Es gibt Paare, die von Groll zerfressen sind. Dumpfe Rachsucht ist möglich. Oder Eifersucht in pathologischer Ausprägung. Oder Probleme mit Kindern aus früheren Ehen. Oder die Ankunft neuer Kinder. Oder das Geld. Oder die Macht. Oder das Gesicht des anderen, das man plötzlich wahrnimmt. Oder Enttäuschung. Oder neue Verbitterung. Oder seine Reaktion, die man nicht vorhergesehen hatte, auf diesen oder jenen Umstand, den man – zu Recht oder Unrecht – als wesentlich erachtet. Kurzum: unendlich viele parasitäre Leidenschaften sind denkbar. Unendlich viele Arten von Besessenheit – unwichtig, ob sie absurd erscheinen oder nicht; sie machen den Körper des anderen nicht transparent, sondern ganz im Gegenteil undurchsichtig, undurchlässig für das frühere Begehren. Dieser Körper ist zwar immer noch da. Liebenswert. Begehrenswert. Nehmen wir sogar an, er habe sich nicht verändert, genausowenig wie man selbst sich wirklich verändert hat. Doch zwischen ihm und uns steht die dicke Mauer der neuen Leidenschaft und des von ihr hervorgerufenen Mißverstehens. Das Begehren hat sich nicht abgenutzt, es wurde verscheucht! Die Leidenschaft ist nicht zum »Überdruß« geworden – sie wurde unmöglich durch die andere, die plötzlich ihren Platz eingenommen hat.

F. G. Ja, in gewissen Fällen wäre ich mit Ihrer Idee von der »verscheuchten« Leidenschaft sogar einverstanden. Aber so verläuft nun mal das Leben. Man kann seine Passion nicht allein mit der Geliebten auf einem einsamen kleinen Planeten auskosten oder erleiden. Liebe braucht außerdem den Blick der anderen, um zu überleben ...

B.-H. L. Da sprechen Sie das Hauptthema aus *Die Schöne des Herrn* an ... Das war Cohens Hauptthese ...

F. G. Darf ich sagen, daß Albert Cohen mich etwas langweilt? Jedenfalls in *Die Schöne des Herrn* ... Immer wenn ich darin blättere, überspringe ich mehrere Seiten. Und doch ist die Schilderung der erkalteten Liebe ein großer Wurf. Dieser Mann und diese Frau, gebannt in ihrer Leidenschaft, die schließlich ersticken wie ans Land gespülte Fische, diese armseligen Ausflüchte, damit das Spiel der unvergleichlich Liebenden nur ja weitergeht, während sie doch vor Einsamkeit schier krepieren, dieser Solal, der mehr und mehr nach Luft ringt, das ist wohl das Grausamste, was je über die Begrenztheit der menschlichen Liebe geschrieben wurde.

B.-H. L. Das stimmt.

F. G. Aber ich dachte an etwas anderes. An die simple Tatsache, daß Liebe, um sich zu behaupten, »Welt« nötig hat, daß das Glück, um vollkommen zu werden, »mondän« bleiben muß. Dies ist kurz und bündig die Aussage eines viel weniger bekannten Romans: *Getrennte Räume* von Pier Vittorio Tondelli ... Ein Meisterwerk. Haben Sie es gelesen? Da ist einer, der über die Liebe zu reden wußte, selbst wenn es sich in seinem Fall um die Liebe zwischen zwei Männern handelt.

B.-H. L. Nein, den habe ich nicht gelesen, worum geht es?

F. G. Ein Mann, ein Schriftsteller, erzählt, wie er einen anderen geliebt hat, das ist alles, und er sagt beiläufig, aber unmißverständlich, wie eine derartige Liebe mehr als jede andere zur Heimlichkeit verurteilt ist und daran erstickt ...

B.-H. L. Das Back-street-Problem. Einige dauern ewig. Doch im allgemeinen geht so etwas kaputt. Und wenn es kaputtgeht, dann wegen dieses Erstickungsgefühls. Die Frauen (da es sich meist um Frauen handelt) ertragen diese aufgezwungene Heimlichkeit, dieses Versteckspiel nicht. Übrigens brechen sie im allgemeinen diese Beziehung ab. Auf die eine oder die andere Art, aber sie vollziehen den Bruch. Brutal, wenn sie brutal sind. Vorsichtig, wenn dies eher ihrem Temperament entspricht. Manchmal begnügen sie sich auch damit, Zeichen, Indizien zu liefern, vertraute Gegenstände zu verstreuen, durch die die verbotene Liaison dann auffliegt. Das mindeste, was sie tun: sie lassen erkennen, daß man wissen muß, daß niemand davon wissen darf, und daß man weitersagt, daß niemand darüber reden darf – »psst! das ist ein Geheimnis! ein mir sehr wichtiges, überaus wertvolles Geheimnis!« Aber den Treibhauseffekt zu akzeptieren, absolutes Stillschweigen zu wahren, so einfach von der Bildfläche zu verschwinden (und sei es auch ins Herz des Geliebten), ohne Spuren zu hinterlassen, eine solche Lösung würden sie niemals in Betracht ziehen ...

F. G. Da bin ich aber anderer Meinung. Ich wundere mich immer wieder, wie viele Frauen es hinnehmen, Back street zu spielen. Aber all meine Beispiele stammen von Frauen, die heute über Dreißig sind ... Ich bin nicht sicher, daß die Jüngeren sich so leicht mit den einsamen Wochenenden abfinden, mit den verheulten Silvesterabenden, mit dem doch etwas lächerlich wirkenden Gehabe eines Mannes, der letztlich Angst hat vor seiner Frau, selbst wenn er diese Angst in noble Gefühle kleidet. Man muß jedenfalls schon wahnsinnig verliebt sein, um es ertragen zu können, immer nur ein Schattendasein zu führen ... und daß die Liebe diese geringe Öffentlichkeit dann auch noch aushält. Liebe setzt nämlich nicht nur Dauer und

Treue in der Intention voraus, sondern auch das Sich-dazu-Bekennen ... Back street ist eine Frauenfalle ...

B.-H. L. Ich behaupte nicht, es seien nicht so viele Frauen. Ich sage, daß sie dieses Back-street-Spiel nie voll mitgespielt haben. Zumindest nie total. Ich wiederhole: sie richten es so ein, daß ihre Rolle etwas schmeichelhafter ausfällt als die der armen Kleinen, die den ganzen Silvesterabend nur heult. Von da an ist alles ganz einfach. Entweder akzeptiert der Herr das Spiel, akzeptiert, auf Gedeih und Verderb, seine Rolle in dem Stück »Heimliche Liaison, von der man nur in verklausulierten Worten sprechen darf«. Wenn nicht, wird er zurückgeworfen auf seinen eigenen miesen Charakter.

F. G. Ich verstehe nicht, was Sie sagen wollen. Wo ist die schmeichelhafte Rolle? Was kann schmeichelhaft sein in einer solchen Situation, wie auch immer sie gelebt wird? Mit Getue und Gehabe ändert man daran nichts. Einige dieser Schattenwesen geben die Hoffnung nicht auf, den Gegenstand ihrer Liebe doch eines Tages an sich zu binden; sie verfolgen dieses Ziel mit ungeheurer Ausdauer, mit vollem Einsatz, mit Spitzfindigkeit, und manchmal haben sie Erfolg ... Das aber ist eine andere Angelegenheit. In diesem Fall muß man den zwischen zwei Frauen hin und her gerissenen Mann bedauern, obwohl er sich ja nicht in dieses Wespennest hätte setzen müssen. Aber die sanften, die geduldigen, die heroischen dieser zum Schattendasein verurteilten Liebenden, die verdienen wirklich einen Schokoladeorden.

B.-H. L. Warum nicht ...

F. G. Weil ihnen eher Gönnerhaftigkeit zuteil wird als Bewunderung, wie Sie selbst eben dargelegt haben.

B.-H. L. Überhaupt nicht. Wenn Sie wüßten ...

F. G. Wenn nicht, dann um so besser ...

B.-H. L. Ich möchte kurz auf die Grundfrage zurückkommen: Warum erträgt Liebe Isolierung so schwer? Heimlichkeit? Warum verkümmert sie, wenn man sie zur Abkapselung zwingt – Ihr »kleiner Planet« von vorhin? Zunächst einmal weise ich Sie darauf hin, daß die Liebenden im allgemeinen genau das Gegenteil behaupten. Sie sagen: »Nein, nein, überhaupt nicht! Wir träumen von einer heimlichen leidenschaftlichen Liebe! Ist Liebe denn nicht ungesellig? rebellisch gegenüber jeglicher Gemeinschaft? will ein Liebespaar denn nicht immer seine eigene kleine Zweisamkeit bilden?« Diese Ansicht ändert sich allerdings sehr schnell, das gebe ich zu. Sie stecken zurück. Aber letztlich ist es das, was Sie sagen ...

F. G. Der Mensch ist ein Gemeinschaftswesen. Trifft er mit niemandem zusammen, kann er nicht er selbst werden. In Einsamkeit erstickt er, auch in der Einsamkeit zu zweit.

B.-H. L. Wenn Sie recht haben – und ich glaube, daß Sie recht haben –, dann gibt es dafür zwei Erklärungen. Zunächst einmal die von Cohen, die, da stimme ich mit Ihnen überein, kurz und bündig ist. Die Liebenden langweilen sich, sagt er. Sie haben einander schon bald nichts mehr zu sagen. Ihre traute Zweisamkeit wirkt lähmend. Ihre Abende ziehen sich endlos dahin. Ihre Liebe ist ausgezehrt, der Substanz beraubt, die die weite Welt ihnen verlieh. Sie hatten die Welt geschmäht. Nur davon geträumt, ihr zu entfliehen. Jetzt, da dies erreicht ist, da sie der Ausschließlichkeit ihrer Liebe ausgesetzt sind, träumen sie davon, auch ihr zu entfliehen, ein wenig freier zu atmen.

F. G. Das ist, wie ich schon sagte, bei Cohen das Gelungenste.

B.-H. L. Es gibt aber noch eine zweite Erklärung, und die ist meiner Ansicht nach seriöser. Sie setzt an bei der These, daß die Beziehung zwischen Mann und Frau niemals Zweisamkeit ist. Da ist der eine und da der andere. Aber zwischen dem einen und dem anderen gibt es eine ganze Reihe von »Dritten«, unter deren Blick die »Partie Erotik« gespielt wird. Mimetische Struktur des sinnlichen Begehrens ... Umkreisen ... Spiegelung ... So heißt es bei René Girard, und vor ihm schon bei etlichen Autoren.

F. G. Aufgefädelt an Shakespeares Stücken hat er ein ganzes Buch über das mimetische Verlangen geschrieben.

B.-H. L. Ja ... Diese sich nahenden Schatten ... Diese stummen Zeugen ... Dieser Reigen mehr oder minder personifizierter Phantome, die die Liebenden umkreisen. Wenn diese Theorie stimmt, wenn man nur im Schatten oder im Blick eines anderen lieben kann, kurz: wenn Liebesspiele immer »Volk um sich herum« brauchen, dann haben wir hier den wahren Grund, warum Liebe unfähig ist, einsame Zweisamkeit zu ertragen; mögen die Liebenden auch bis ans Ende der Zeiten ihr Verschen von der ungeselligen und menschenscheuen Liebe singen, da gibt es »essentielle« Gründe, warum dies nicht funktioniert ...

F. G. Ich glaube, daß beide Erklärungen zutreffen, auf verschiedenen Ebenen. Und daß die kleinen Planeten oder die einsamen Inseln bestenfalls zwei Wochen lang paradiesisch sind.

B.-H. L. Das ist sehr radikal!

F. G. Wir können dieses Kapitel nicht abschließen, ohne über die »parallelen Liebesbeziehungen« zu sprechen ... Das Modell ist natürlich Sartre/Beauvoir – ein Paradebeispiel. Eine Glanzleistung, vor allem von Beauvoir. Doch beiden ist es letztlich gelungen, nachdem sie keinerlei körperlichen Kontakt mehr miteinander hatten, sich Liebe, Zärtlichkeit, gegenseitige Achtung, eine lebendige, anspruchsvolle Beziehung und insgesamt eine Treue, die jeder Prüfung standhielt, zu bewahren ... Und zwar obwohl Beauvoir – und im gleichen Zeitraum – mit Nelson Algren das erlebte, was sie mit Sartre nie gekannt hatte, auch mit keinem anderen ihrer flüchtigen Liebhaber: sie entdeckte die Lust. Und Sartre, der ja allerlei Freundinnen hatte, unterhielt eine durchaus ernstzunehmende, ihm sehr wichtige Liaison mit der berühmten Dolores ... Wir wissen nicht, ob Sartre eifersüchtig war, Beauvoir war es ganz offensichtlich ... Aber was sie verband, war unzerstörbar. Eine Ausnahme? Vermutlich. Unnachahmlich? Da bin ich nicht sicher. Beneidenswert? Weit mehr als das etappenweise von Scheidungen unterbrochene Rennen um die Trophäe »Große Liebe«. Und es ist ja merkwürdig, daß diesem Mann und dieser Frau, die beide gegen die Ehe waren, eine Ehe gelungen ist.

7 Über die Treue
als Genuß

F. G. Und die Treue? Ist Untreue, die eingestandene, die verhohlene, mit der Liebe vereinbar? Darüber würde ich gerne etwas von Ihnen hören …

B.-H. L. Kennen Sie den Satz von Renan? Ganz zu Beginn seiner *Kindheits- und Jugenderinnerungen*. Da fragt er sich, wem gegenüber ein Mann im Laufe seines Lebens Treue bewahren muß. Er antwortet: »Gegenüber sich selbst, seinem Verleger und einer Frau.«

F. G. Den Satz kannte ich nicht … Er ist hübsch … Soll ich ihn so verstehen, daß Sie ihn sich zu eigen machen?

B.-H. L. Was mir in diesem Satz gefällt, ist dieses »einer Frau«. Dieses Singulare, Zufällige, fast Außergewöhnliche, das da anklingt. Mir gefällt, wenn Sie es genauer hören wollen, dieses »zufällig treu sein«. Die andere jedoch, die zum Prinzip erhobene Treue, aus der man einen Wert an sich gemacht hat, die Treue der Minnesänger und der höfischen Liebhaber – die, nein! Und selbst wenn ich Sie damit schockiere: in meinen Augen hat die mit Liebe überhaupt nichts zu tun.

F. G. Das schockiert mich absolut nicht. Ich habe mich immer schon gefragt, auf welches »Besitzrecht« man sich eigentlich beruft, um einem Mann alle Frauen und einer Frau alle Männer vorzuenthalten … Eine komische Art zu lieben! Zu diskutieren wäre – wenn ich so sagen darf – über die Modalitäten: Sagt man sich alles? Sagt man sich nichts? Gibt man vor, nichts zu wissen? usw.

B.-H. L. »Sich alles sagen«, bloß nicht! Grauenvoll …

F. G. Sie erinnern sich an Malraux' *So lebt der Mensch*? Als May ihrem Mann Kyo sagt, sie habe mit ich weiß nicht wem geschlafen, sagt sie es, weil gegenseitige Freiheit zu ihrem Vertrag gehört, und doch ist dieser hartgesottene Revolutionär plötzlich zutiefst getroffen … Was dann also? Betrügen, im wahrsten Sinne des Wortes?

B.-H. L. Verträge zwischen Liebenden sind mir höchst suspekt … Verträge jeglicher Art … Es gibt diese Treueverträge: »Ich werde dir treu sein; was immer geschehen mag, ich werde dir treu sein.« Es gibt auch Untreueverträge: »Freiheit für den einen; Freiheit für den anderen; man nimmt, was einem über den Weg läuft; und erzählt sich beiläufig alles.« Es gibt auch noch ganz perverse oder teuflische Verträge im Stil Valmont-Merteuil: »Gemeinsam begangenes Verbrechen; Komplizenschaft im abgefeimten Tun.« Ich kann es nicht besser ausdrücken: Schon der Gedanke eines Vertrags oder eines Pakts zwischen Liebenden widert mich an.

F. G. Es gibt auch gute Vereinbarungen in Form eines Pakts. Aber dieses »Wir wollen einander alles sagen« widert auch mich an. Dennoch kann man nicht über die Eifersucht reden, wie Sie es getan haben, und die Untreue als Nebensächlichkeit abtun … Und außerdem: Wo beginnt die Untreue? Mit dem flüchtigen Abenteuer? Und erachten Sie sie als genauso gravierend, wenn es um Sie oder um Ihre Partnerin geht?

B.-H. L. Das flüchtige Abenteuer … Natürlich beginnt Untreue mit einem flüchtigen Abenteuer … Die Männer – oder manchmal auch die Frauen –, die das Gegenteil behaupten, wissen nicht, wovon sie reden. Das sind Heuchler. Oder – schlimmer noch – klägliche Liebhaber.

F. G. Sie predigen also die absolute Treue?

B.-H. L. Ich predige überhaupt nichts ... Was sollte ich denn schon predigen? Ich sage nur, man soll die Menschen – in diesem Fall die Frauen – nicht für Dummköpfe halten. Und daß die Typen, die sagen: »Nein, nein! das zählt nicht! das habe ich doch nur so mitgenommen! es gibt eben Tage, wo man mit jemandem schläft, wie man ein Glas Coca-Cola trinkt« –, daß diese Typen die anderen für blöd halten und die übelsten Schurken sind.

F. G. Die Männer sind nicht die einzigen, die sich für einen Tag oder einen Abend solch ein Abenteuer leisten; wenn sie auch in der Mehrzahl sind. Die günstige Gelegenheit, junges Blut ... Sie gleich als »Schurken« zu bezeichnen ... (und vermutlich »Schlampen«?), geht vielleicht etwas zu weit. Nicht, daß ich sie verteidigen möchte. Aber letztlich gibt es in der Liebe ja immer ein »erstes Mal« ... Aus vermeintlich flüchtigen Begegnungen ist schon so manche große Liebe erwachsen ...

B.-H. L. Ich sage ja nicht, die Männer seien Schurken, weil sie sich ein Eintags-Abenteuer leisten. Aber ich werfe ihnen vor, daß sie anschließend hingehen und erzählen, daß das eben ganz leichtfertig, gedankenlos passiert sei, daß es nicht die geringste Bedeutung habe, es gebe schließlich Liebe und Liebe, usw. Ich weiß, wovon ich rede, das können Sie mir glauben. Retten kann einen »Untreuen« nur, wenn er sich bewußt ist, daß er etwas Unrechtes getan hat. Auf seine »Unschuld« darf er sich nicht berufen, wie immer die Umstände gewesen sein mögen und welchen Wert er der Liaison – ob sie flüchtig war oder gar absurd – auch beimißt ...

F. G. Gut. Aber woher kommt es dann, daß Treue so belastend ist? Für Männer mehr als für Frauen, das ist unbestreitbar, als seien sie permanent umgetrieben vom Bedürfnis, ihre Potenz unter Beweis zu stellen ... Die Frauen sind zurückhaltender, wie mir scheint. Ist es das Bedürfnis, sich selbst zu bestätigen? zu erproben, ob man sie noch begehrt?

B.-H. L. »Belastend« ... Ich glaube nicht, daß ich »belastend« sagen würde ... Man kann mit Vergnügen treu sein. Man kann das Treusein genießen. Man sagt nicht: »Ich bin dir treu.« Und schon gar nicht: »Ich werde dir immer treu sein.« Aber man ist's. Es ist einfach so. Zufällig ist man's. Und daß man's ist, ohne Pakt und Vertrag, daß man's ist, ohne darüber nachzudenken und als sei es das Natürlichste von der Welt, das kann wirklich eine Art Vergnügen bereiten ...

F. G. Auch dem, der einer solchen Treue ansichtig wird, kann das Vergnügen bereiten! Wir alle schätzen doch Beispiele menschlicher Treue. Dafür sind wir alle empfänglich, als handele es sich dabei um ein gelungenes Werk, um etwas, das in sich schön ist. Was mich betrifft, so erkläre ich mich mit dem Vergnügen, das aus spontaner, nicht erzwungener Treue erwächst, voll und ganz einverstanden. Aber schließlich haben wir ja Augen, um zu sehen, und Ohren, um zu hören ... Das mindeste, was man sagen muß, ist doch wohl dies: Die Regel ist es nicht. Und ich frage Sie nochmals, weil Sie ein Mann sind: Wie erklärt es sich, daß der Mann wie besessen hinter jedem »Weiberrock« herrennt, zumal die meisten dieser Schürzenjäger dann auch noch vorgeben, ihre Frau oder Lebensgefährtin zu lieben und ihr keinesfalls »weh tun« zu wollen? Statistiken hierüber gibt es nicht, aber es scheint doch offensichtlich, daß der untreue Mann viel häufiger vorkommt als die untreue Frau.

B.-H. L. Ich glaube auch, daß die Frauen weniger untreu sind, als man sagt. Fast möchte ich ergänzen: weniger, als sie selbst vorgeben. Es gibt die »modernen« Frauen, einverstanden. Es gibt Frauen, die sich rächen. Solche, die nur so tun. Oder auch solche, die sich ihrer eigenen Vorstellung von der Erwartungshaltung und dem Begehren der Männer entsprechend verhalten. Aber im großen und ganzen haben Sie recht. Die echten Frauenliebhaber – diejenigen, die ihnen zuhören, sie zum Sprechen bringen und sie natürlich auch begehren und lieben – wissen das übrigens ganz genau: der Prozentsatz »tugendhafter« Frauen, für die ein erotisches Abenteuer immer eine bedeutsame Angelegenheit ist, hat sich mit der sogenannten Befreiung aus sittlichen Zwängen nicht sonderlich geändert. Was die Männer betrifft …

F. G. Eine bedeutsame Angelegenheit … Das meinte ich nicht. Es gibt viele Frauen – modern oder nicht, ich weiß ohnehin nicht, was das bedeutet –, für die ein erotisches Abenteuer keine bedeutsame Angelegenheit ist. Ich glaube vielmehr, daß eine Frau, die auch körperlich glücklich ist mit einem Mann, gar keine Lust hat auf die Umarmungen eines anderen … Und daß das auf Männer absolut nicht zutrifft. Noch einmal: Wie erklären Sie das? Es wäre interessant, zu erfahren …, diesen Trieb zu verstehen …

B.-H. L. Da gibt es verschiedene Antriebskräfte. Als erstes ist da der Lustgewinn. Man muß schon ehrlich sein: die Lust steht im Vordergrund. Die Begegnung … Die Verführung … Das Erforschen eines unbekannten Körpers … Die damit verbundenen Bilder … Dann ist da plötzlich eine Facette des eigenen Ich … Eine *ganz neue* Facette des eigenen Ich … Denn wohlgemerkt! Ein Verführer, das ist nicht immer derselbe Mann, ganz aus einem

136

Stück, der von der einen zur anderen flattert und dabei derselbe bliebe. Nein. Jede Beute bezaubert ihn. Jede Eroberung erschafft ihn neu. Durch jede neue Frau wird ihm gewissermaßen ein anderes Ich geboren. Bei Lévinas finden sich wunderschöne Sätze über die Zärtlichkeit. Jemanden streicheln, sagt er, bedeutet nicht nur, ihn berühren, sanft über ihn hinwegstreichen, seinen Körper genießen, sondern buchstäblich auch, ihn zu modellieren. Und das spielt auch eine Rolle bei der Gier eines Don Juan. Eine unendliche narzißtische Neugier. Eine verzweifelte Suche nach den eigenen vielfältigen Gesichtern. Diese Idee, daß jedes Abenteuer einen beschenken wird, nicht unbedingt mit einer neuen Seele, aber doch zumindest mit einem Gefühl, einer Gebärde, einer Verhaltensweise, die man an sich nicht kannte. Nennen Sie das ruhig Egoismus. Eine auf die Spitze getriebene Form von Ichbezogenheit. Das ist die erste Triebkraft.

F. G. Und die zweite?

B.-H. L. Die zweite ... Da gibt es natürlich eine Menge andere ... Die Neugierde ... Die Freude an der Eroberung ... Das Netze-Ausspannen, das Belauern der Beute, der Zugriff ... Die Schwierigkeit dieses Unterfangens ... Die Leichtigkeit ... Der Umstand, daß es schwierig *aussieht,* die Beute sich entzieht, zurückweicht, zunächst unerreichbar scheint – und sich letztlich dann doch herausstellt, daß sie in Reichweite ist ... Verführer sind merkwürdige Wesen. Sie hätten gerne eine harte Nuß zu knacken. Es wäre ihnen nicht unlieb, wenn sie enttäuscht würden. Aber sie sind enttäuscht, daß sie in Wirklichkeit so selten enttäuscht werden ... Dazu kommt noch die Eitelkeit ... Oder das Prestige ... Außerdem gibt es einen

»Weibermarkt«, oder das bildet Ihr »untreuer Mann« sich zumindest ein ... Der Ausdruck ist abscheulich: aber es stimmt, daß es einen »Markt« gibt und einige (ich sage wohlgemerkt »einige«, denn es gibt auch Verführer – die echtesten vielleicht –, die eine Form von Geheimniskrämerei, Verschwiegenheit vorziehen) Gefallen daran finden, sich dort groß hervorzutun.

F. G. Wo erlebt man seine Liebesbeziehungen? Letztlich doch immer im gleichen, mehr oder weniger weiten Umkreis ... Mit Ausnahme eines glücklichen oder unglücklichen Zufalls, ist man doch festgelegt auf einen bestimmten sozialen, kulturellen Rahmen. Doch innerhalb dieses vorbestimmten Umfelds wird man durch gewisse Eroberungen aufgewertet und durch andere abgewertet; das gilt für Frauen wie für Männer.

B.-H. L. Genau. Nehmen wir Ihren Don Juan ... Es ist klar, daß er sich an Hand seiner mehr oder minder großen Eignung, auf diesem Markt »zum Zuge zu kommen«, mit den anderen »Liebhabern« mißt. Eine nicht sonderlich heroische Idee, das gebe ich zu. Aber es ist leider so. Und jedermann, ich sage bewußt jedermann, geht ihm – mehr oder weniger – auf den Leim.

F. G. Glauben Sie?

B.-H. L. Nehmen Sie doch nur, um nichts über lebende Personen zu sagen, einen Mann wie Drieu La Rochelle. Man fragt sich doch immer wieder, wieso seine unmittelbaren Zeitgenossen so liebenswürdig, so nachsichtig mit ihm umgingen. Sie wußten doch, wer er war. Sie redeten mit ihm. Hatten seine Artikel vor Augen. Und fuhren dennoch fort, ihn zu mögen, zu besuchen, mit ihm zu verkehren. Und wenn ich »sie« sage, denke ich natürlich nicht an die Clique der deutschen NRF. Ich denke vielmehr an Leute wie Malraux, Nizan, d'Astier de La Vigerie und andere, die ich unerwähnt lasse.

F. G. Auch unsere Zeitgenossen schöpfen noch aus dem Fundus der Nachsicht gegenüber Drieu.

B.-H. L. Ich habe einmal den Versuch unternommen, es zu begreifen. Als ich *Die abenteuerlichen Wege der Freiheit* schrieb und verfilmte, versuchte ich zu begreifen. Und was mir in die Augen sprang, war tatsächlich diese Geschichte mit den Frauen. Drieu, das war der Mann, »der jede Frau haben konnte«. Und diese (vermutlich übertriebene) Reputation blendete Nizan oder Malraux, so daß sie über alles andere hinwegsahen. Man ließ es ihm durchgehen, daß er Faschist und Antisemit war. Um seinen Namen rankte sich eine Aura von Charme und hübschen Frauen, die ihn in gewisser Weise zu einem Heiligen machte. Ich spreche von Drieu, könnte aber auch andere Beispiele anführen, die uns zeitlich näher lägen. Die Regel ist immer die gleiche: bei der Anziehungskraft, die ein Mann auf seinesgleichen ausübt, spielt diese vermeintliche Virtuosität in der Kunst des Verführens immer eine entscheidende Rolle.

F. G. Ich fürchte, daß Sie in all diesen Punkten recht haben, und daß jemand, den man früher einen »Frauenheld« nannte, tatsächlich ein unwiderstehliches Fluidum ausstrahlte ... Das Fluidum des Champions. Und so einer ist *per definitionem* untreu! Gleichzeitig hat aber auch ausdauernde und unerschütterliche Treue etwas Faszinierendes ... Das vielleicht unbewußt Neid erweckt ... Jules Renard schreibt in seinem *Tagebuch*: »Es ist komisch, aber meine Treue als Ehemann festigt meine literarische Reputation ...«

B.-H. L. Ist das garantiert?

F. G. Was, bitte?

B.-H. L. Daß die Treue die literarische Reputation festigt?

F. G. Ich glaube schon, daß unerschütterliche Treue den Menschen immer imponiert. Nehmen Sie Aragon ...

B.-H. L. Nehmen Sie Hemingway, da ist's das Gegenteil.

F. G. Ja, aber der imponiert auch niemandem, dieser Hemingway.

B.-H. L. Was soll das heißen – »der imponiert niemandem«?

F. G. Sein Werk imponiert.

B.-H. L. Sein Werk und alles übrige. Im Gegenteil: ein exemplarischer Fall von Faszination, die auf beiden Ebenen gleichzeitig funktioniert.

F. G. Lassen wir's also stehen, daß es verschiedene Mittel gibt, »Faszination« auszuüben: weil man einer Frau treu ist, oder weil man im spanischen Bürgerkrieg kämpft, oder weil man sich eine Kugel in die Brust schießt ...

B.-H. L. Vielleicht.

F. G. Da ich mich hier über Männer informieren möchte, fahre ich in meiner Befragung fort. Simple Hypothese: Sie erfahren, daß die Frau Ihres Lebens ein Verhältnis hat, das sie verheimlicht. Was tun Sie? Und was wäre ratsam, Ihrer Meinung nach? Vorwürfe? Humor? Schweigen?

B.-H. L. Sie verlassen.

F. G. Eine gute Entscheidung, sofern man sie durchführt. Das fällt manchmal schwer. Es tut weh. Ich wäre weniger radikal, sofern es sich um ein Abenteuer einer Nacht handelt. Es gibt manchmal mildernde Umstände. Ist es aber etwas Ernstes, so bleibt nichts anderes zu tun als zu gehen. Und zwar schnell, mit Anstand, ohne Szenen und Tränen. Und ohne wieder rückfällig zu werden. Abbrechen! Es sei denn, man habe gegenseitige Toleranz vereinbart, was zivilisierter wäre.

B.-H. L. Mmm ... Da bin ich mir nicht so sicher!

F. G. Im allgemeinen läuft es ja auch so nicht ab ... Zumindest nicht auf der anderen Seite ... Die Frauen lernen von ihren Müttern, und diese haben es von ihren Müttern, daß man gut beraten ist, »beide Augen zuzudrücken« und trotzdem ein »wachsames Auge« zu behalten, weil die Männer nun mal ... Sie wissen ja ... Und so übersehen sie mehr oder weniger wohlwollend, mehr oder weniger verletzt, eine oder mehrere Eskapaden und schlittern damit in einen Prozeß von Unwahrhaftigkeiten, die für beide erniedrigend sind, mit dem unvermeidlichen »Du weißt doch genau, daß ich nur dich liebe«, das alle betrogenen Frauen mindestens einmal gehört haben. Was sollen sie tun? Repressalien anwenden? Die übelste Methode, die keine Lösung ist. Nein, wenn man es sich materiell erlauben kann, und das ist nicht immer einfach, muß man gehen, gehen, gehen. Und hierfür sind die modernen Frauen, die Sie mit Ironie abtun, weitaus besser gewappnet als die anderen. Weil sie materiell unabhängig sind. Und das ändert alles. Ich denke da an einen sehr bekannten Mann in Paris, der diese grausame Erfahrung kürzlich machen mußte ... Seine Frau hat ihn innerhalb von zehn Minuten sitzenlassen. Plötzlich war er allein in seiner Wohnung und völlig verstört, weil er nicht begriff, was ihm geschah.

B.-H. L. Ja. Aber ich habe auch umgekehrte Situationen im Kopf. Frauen, die vorher mit einem Donnerwetter drohen. Rassige Frauen. Gefährliche Weiber. Frauen, von denen man annahm: »Die haut sofort ab; in derselben Sekunde ist die weg; keine Sekunde lang wird sie, so wie ich sie kenne, eine solche Beleidigung ertragen.« Und dann, wenn der Tag da ist, geschieht nichts. Tradition, sagen Sie? Erlerntes Modell? Gerede der Mütter? Mag sein ...

Vielleicht aber auch Liebe ... Liebe, die stärker ist als jede Form von Hochmut, stärker als Entschlossenheit, Unabhängigkeit. Ich kenne nichts, was trauriger und erschütternder anzusehen wäre.

F. G. Der Anblick eines Mannes, der sich an einen klammert, der droht, der »Erklärungen« fordert, das ist auch nicht so ohne ... das können Sie mir glauben. Merkwürdig, Ihre Vorstellung von den Frauen, die alles schlucken, Beleidigung, Demütigung ... Es gibt natürlich solche, und da Sie diese Sorte lieben, kennen Sie auch nur solche ...

B.-H. L. Ich sprach nicht von mir. Auch nicht von Frauen, die ich gekannt habe.

F. G. Ich behaupte nicht, die Frauen seien urplötzlich, was Untreue anbelangt, unversöhnlich geworden. Die wäre im übrigen erst einmal zu definieren: Seitensprung, oder festes Verhältnis ... Ich sage nur, daß ein neuer Frauentyp, der finanziell unabhängig ist, mehr Kraft hat, um den Bruch zu vollziehen, wenn die Verwundung und Demütigung durch den Verrat zu tief wird. Und das halte ich für sehr gut.

B.-H. L. Wir geraten immer am gleichen Punkt aneinander. Sie sprechen von der Unabhängigkeit der Frauen, ihrer finanziellen Autonomie. Ich rede von der Liebe. Eventuell von Liebeskummer. Und ich behaupte, daß dies alles damit wirklich gar nichts zu tun hat! Wie können Sie daran zweifeln? Wie können Sie das Gegenteil behaupten? Sie selbst ... Sie waren doch selbst der Prototyp dieser befreiten, unabhängigen, souveränen Frau. Sie haben Geld verdient. Wahre Imperien geleitet. Sie haben regiert, aus echter Souveränität: und diese Souveränität basierte nicht auf Geld, sondern auf Ihrer Faszination, die Sie – auf Dutzende, Hunderte von Männern ausübten. Hat

Ihnen das ... wie sagten Sie? ... »mehr Kraft verliehen, um den Bruch zu vollziehen«? eine größere »Unverletzlichkeit«?

F. G. Und ob! Unverletzlichkeit gibt es nicht. Und an Kummer kann man sterben. Aber wie können Sie glauben, man sei dieselbe Person, wenn man kein Dach über dem Kopf hat, keine autonome soziale Existenz, wenn man Frau X oder Frau Niemand ist, oder aber seinen eigenen gesicherten Rückhalt besitzt? Und das ist nicht nur eine Frage des Geldes!

B.-H. L. Dieser »Rückhalt« ändert nur scheinbar etwas. Es gibt Frauen, die unabhängig von derlei »Rückhalt« in der panischen Angst vor Einsamkeit, Verlassenheit, Hilflosigkeit leben. Und diese Frauen reagieren, wenn sie tatsächlich verlassen werden, alle gleich ...

F. G. Moment! Wir sprechen im Augenblick von Frauen, die, wenn sie entdecken, daß sie betrogen werden, lieber »alles schlucken«, anstatt mit dem Mann zu brechen; das war's doch, oder? Und da war ich die erste, die Ihnen sagte, dies sei das geläufigste Verhalten ... Aber warum wollen Sie partout leugnen, daß nicht alle Frauen nach dem jammernden, duckmäuserischen und kläglichen Miniaturmodell geschnitzt sind, das Sie im Kopf haben und das im 19. Jahrhundert, ja noch vor weniger als fünfzig Jahren, die Norm war? Ich kann mir einfach nicht vorstellen, daß Sie noch nie einer Frau begegnet sind, die eben nicht heult wie ein Schloßhund und sich nicht an den untreuen Liebhaber oder Gatten klammert. Leider kann ich hier keine Namen nennen, das wäre indiskret. Aber an Beispielen fehlt es mir nicht ...

B.-H. L. Beispiele ... Gegenbeispiele ... Das Spiel könnten wir lange betreiben. Wovon Sie mich nicht überzeugen werden, ist dies: daß die Unabhängigkeit der Frau, ihre finanzielle oder berufliche Autonomie, ihre Reaktionen in derartigen Situationen so wesentlich verändert haben soll. Verzeihen Sie, daß ich nochmals Attacke reite. Aber mein Beispiel war gezielt. Ich fragte, ob Sie selbst ...

F. G. Ich selbst ... Ich habe mich immer mit Anstand aus der Affäre gezogen. So nett wie möglich. Ohne Lügen. Und wenn nicht ich es war, die den Bruch vollzog, wenn er mir Schmerz verursacht hatte, dann habe ich weder aufgeschrien, noch einen Vorwurf formuliert. Trockener Bruch! Aber ich habe niemals behauptet, Autonomie erspare einem Leid! Oder bewahre vor wirren Verhaltensweisen. Eifersucht plus Bruch: da kann man schon wahnsinnige Dinge tun. Aber die Männer genauso wie die Frauen.

B.-H. L. Haben Sie wahnsinnige Dinge getan?

F. G. Wenn man so will ... Es gibt Männer, und auch Frauen, die in einer solchen Situation grauenvoll Rache nehmen. Die fähig werden zu irrsinnigem, wüstem Tun. Ich kannte mal eine Frau, die von ihrem Liebhaber verlassen worden war und ihm nachts, während er schlief, eine Kugel in den Kopf jagte. Es war eine Frau aus sehr gutem Hause. Sie dürfte noch immer in irgendeinem Gefängnis hocken. Ihr Name war Lea. Lea S.

B.-H. L. Oh! In solchen Fällen bleibt man nicht sehr lange im Gefängnis. Man darf es nicht laut sagen, aber lange dauert so was nie ...

F. G. Es gibt einen Grad des Schmerzes, der den Verstand ausschaltet. Diese Frau sah gut aus, hatte Charme und war zudem noch reich. Sie dürfte etwas über Vierzig gewesen sein. Er war jünger als sie. Sie hatte ihn stark geprägt, zivilisiert. Ihre Beziehung schien unantastbar, bis er sich in eine andere verliebte. Für sie war es buchstäblich eine

Marter. Sie heulte und brüllte wie ein Tier. Sie flehte, versuchte sogar, bei ihrer Rivalin Gehör zu finden, vergeblich, wie man sich denken kann. Dann hat sie eines Abends eiskalt getötet. Und sich damit gewissermaßen befreit.

B.-H. L. Ich frage noch einmal nach Ihnen.

F. G. Ich habe mich selbst getötet. Mich selbst gestraft, als ich nicht mehr geliebt wurde. Eine lange Geschichte, die hier nichts zur Sache tut.

B.-H. L. Pardon. Klammern wir sie aus.

F. G. Ja, bitte.

B.-H. L. Bevor wir uns trennen, müßten wir nochmals auf die Treue zurückkommen. Ich glaube nicht, daß wir das Thema Treue schon erschöpfend behandelt haben ...

F. G. Es ist ein Faß ohne Boden.

B.-H. L. Wir sprachen über den »Treuepakt«. Diese recht alberne Art, zu sagen: »Ich kann mich ändern; wir, du und ich, können zu Schatten unserer selbst werden: aber ein Pakt bindet uns, der Treuepakt.«

F. G. Das ist in der Tat recht naiv. Denn im allgemeinen wird ein solcher Pakt in dem Augenblick geschlossen, da nichts diese Liebe bedroht. Für mich klingt das nach Pfadfindereid.

B.-H. L. Das ist die »höfische« Treue. Die Rougemont-Treue. Mit einem Anklang Saint-Exupéry. Sie kennen den berühmten Satz – ich zitiere aus dem Gedächtnis: »Sich lieben, bedeutet gemeinsam etwas bauen und in dieselbe Richtung schauen.« Ein bißchen »Liebestöter« ist natürlich in all diesem Gehabe, welches vorgibt, einen vor dem zu bewahren, was lebhaft, unerwartet sein kann im Gefühlsleben. In Foucaults *Sexualität und Wahrheit* las ich neulich den Passus über Franz von Sales, der uns im

Prinzip die Treue erstrebenswert machen sollte: Der Mann ist wie der Elefant; denn der Elefant wechselt niemals seine Partnerin; zärtlich liebt er die, die er sich erwählt hat; er ist ein plumpes Tier, aber das würdevollste auf Gottes Erde. Eine solche Treue, nein danke!

F. G. Das trifft auch auf Wolf und Adler zu, die nur ein Weibchen haben und ihm ein Leben lang treu bleiben. Ich hasse Anthropomorphismus in bezug auf Tiere. Die »Würde« der Elefanten ... Ich bitte Sie!!!

B.-H. L. Treue hat nur Wert, wenn sie niemals die Hypothese ihres Gegenteils aus dem Blick verliert. Stellen Sie sich zum Beispiel nur mal ein Paar vor, das sich wegen Aids die Treue hält. Welchen Wert hätte eine solche Treue?

F. G. Brav, aber wertlos.

B.-H. L. Im Grunde ist wahre Treue nur die der Mystiker. Wir sprechen über Liebende, ich weiß. Aber die Liebenden sollten sich die Mystiker zum Vorbild nehmen, nicht die Elefanten! Denn, was ist ein Mystiker? ein echter Mystiker? Jemand, der weiß – und es keine Sekunde vergißt –, daß der Mensch fehlbar ist, fehlgeleitet werden kann. Er weiß, daß Untreue immer vorkommen kann, eine Potentialität, eine Bedrohung, die in seinem Wesen angelegt ist. Er ist treu, unbestritten. Aber seine Treue ist schwankend, etwas Ungewisses, und er lebt in der ständigen Furcht, sie könnte nachlassen: und daraus bezieht sie ihren noch größeren Wert. Die Heiligen sind treu und fehlbar. Treu, weil fehlbar. Und eine solche Treue ist natürlich etwas sehr Schönes.

F. G. Etwas sehr Schönes, ja. Sobald man das Feld der Liebe verläßt, kann Treue etwas Großartiges sein. Treue Freundschaft, zum Beispiel. Da fällt mir ein: Glauben Sie eigentlich an Freundschaft zwischen Mann und Frau?

B.-H. L. Nein … Eigentlich nicht …

F. G. Ich schon. Danach! Nachdem das ursprüngliche sinnliche Verlangen gestillt, erschöpft ist. Wenn nichts Erotisches mehr hineinspielt. Wenn man einander gut kennt und sich nicht unverzeihliches Leid zugefügt hat, dann …

B.-H. L. Man fügt sich aber immer unverzeihliches Leid zu.

F. G. Ich verzeihe offenbar leichter als Sie.

B.-H. L. Deformation des Gefühls: ich denke immer mehr an das Leid, das ich zufüge, als an das, was man mir antut.

F. G. Sie sind ein Heiliger, Bernard!

B.-H. L. Nein, aber vielleicht ein großer Sünder.

F. G. Im Grunde haben Sie recht. Man hat mir weh getan, und auch ich habe anderen sehr, sehr weh getan. Aber daran denke ich nie.

B.-H. L. Daran denke ich immer.

F. G. Dennoch können einstmals Verliebte eine wundervolle Beziehung aufbauen und in Freundschaft einander für den Rest des Lebens treu bleiben.

B.-H. L. Ich würde nicht »Freundschaft« sagen.

F. G. Wieso?

B.-H. L. Das ist so kompliziert … So voller Zweideutigkeit … Treue … ja, natürlich … Die Frauen, die man einmal geliebt hat …, in gewisser Weise bleibt man ihnen wohl ein Leben lang treu … Aber »Freundschaft« würde ich das nicht nennen.

F. G. Dabei …

B.-H. L. Außerdem … Ich weiß nicht, wie ich es ausdrücken soll … Man wird einander so schnell fremd, erkennt den anderen nicht mehr wieder. Das hat mich zum Beispiel immer verblüfft. Wie schnell Frauen, von denen man sich trennt, einem fremd werden! Eine echte Lektion, im übrigen! Eine Denksportaufgabe, wobei Gefühl und Gemüt weniger gefragt sind: Man versuche nur einmal, hinter diesem gealterten Gesicht, diesem härter oder sanfter gewordenen Blick, dieser kaum merklich veränderten Stimme, dieser so offensichtlichen (und absolut nicht affektierten, was man sehr schnell merkt) Nachlässigkeit, dieser anderen Körperhaltung, anderen Kleidung – kurz: hinter all dem die verborgenen Merkmale des Menschen wiederzufinden, der einem früher so nahe stand ...

F. G. Gilles Deleuze hat hierüber etwas geschrieben, das mich zum Kochen brachte: Niemals, heißt es dort, wird man in der Frau eine Freundin gewinnen. Denn Freundschaft ist die mögliche Realisierung der Außenwelt, die ein anderer Mann, und nur er, einem schenkt. Und es ist utopisch, ja sogar bekümmernd, wenn eine Frau meint, sie könne dieser Außenwelt Ausdruck verleihen. Für ihn ist die Frau allerdings auch nichts weiter als ein nutzloses Wesen, ein Luxusobjekt ...

B.-H. L. Diesen Satz kannte ich nicht. Er ist merkwürdig. Wo steht er?

F. G. In einem Artikel: »Beschreibung der Frau« und ... was sonst noch, weiß ich nicht mehr. Ich weiß die Stelle nicht genau, kann sie aber heraussuchen ... Ah! Diese Philosophen! Früher sprachen sie über die Frauen mit amüsierter Gönnerhaftigkeit, zwar nicht alle, nicht Diderot, aber die meisten ... Inzwischen sind sie geradezu rabiat geworden ... Als fühlten sie sich beleidigt von diesen »neuen Frauen«, deren Existenz Sie ja leugnen ... Aber das ist ein anderes Thema. Sehen wir uns morgen wieder?

B.-H. L. Ich fühle mich nicht beleidigt. Wirklich nicht. Zumal ich (und das wiederhole ich nochmals) von der Existenz dieser »neuen Frauen« nicht überzeugt bin. Aber das ist, Sie haben recht, ein anderes Thema.

F. G. Auf das wir dauernd wieder zurückkommen ...

B.-H. L. Das stimmt. Aber wir haben doch alles dazu gesagt, oder etwa nicht?

F. G. Alles ... Das weiß ich nicht ...

B.-H. L. Frauen im Beruf, gut. Gleichheit der Geschlechter, natürlich. Neue Verhaltensweisen, anderes Auftreten – geht auch noch an. Aber alles andere, ich meine das Wesentliche (Verhalten in der Liebe, Erotik, Träume, Phantasmen), da stecke ich natürlich nicht im Kopf der Frauen, aber wenn ich wetten müßte, würde ich nochmals sagen: zwischen Sophie Volland und Ihnen, zwischen der »freien« Frau des 18. Jahrhunderts und der heutigen, da erkenne ich keine entscheidende Mutation.

F. G. Zwischen Sophie Volland und mir liegt das ganze 19. Jahrhundert! Entsetzlich, erdrückend für die Frauen, auf allen Gebieten. Eine Bleiglocke. Die Frauen des 18. Jahrhunderts sind uns viel näher als die des 19. Allein schon aus dem Grund, daß man ihnen Intelligenz nicht absprach, und mit welcher Grandezza haben sie die entfaltet! Aber das Wort »Mutation« würde ich keinesfalls gebrauchen. Es hat sich etwas geändert, es gab Veränderungen, die sich notgedrungen auf das, was Sie das »Wesentliche« nennen, auswirken ... Einen Wandel brachte – und das ist noch gar nicht lange her – der Schulbesuch für Mädchen, der ihnen so lange verweigert war. Tausenderlei ließe sich anführen ... Und dann ist die Frau in der Tat auch ein biologisches Wesen ... Niemand, der guten Willens ist, vermöchte heute zu sagen, ob sich in der weiblichen Erotik, in den Träumen, den Phantasmen etwas verändert hat. Im Verhalten aber ganz bestimmt. Ich an Ihrer Stelle würde keine Wette eingehen.

8 Über den nicht aufhebbaren
Unterschied der Geschlechter

B.-H. L. Sie wollten das Thema neue Frauen, neue Männer usw.
wieder aufnehmen?

F. G. Ich weiß es nicht. Entscheiden Sie.

B.-H. L. Ich glaube, erstens, daß wir es erschöpfend behandelt
haben; und, zweitens, bin ich nicht der geeignete Abnehmer.

F. G. Wieso nicht?

B.-H. L. Weil ich, selbst wenn Sie recht hätten, selbst wenn sie
stattgefunden hätte, diese »tiefgreifende Revolution«,
selbst wenn die Frauen sich geändert hätten, und die
Männer, und die Beziehungen zwischen Frauen und Männern, ich vermutlich der letzte wäre, der das gemerkt
hätte. Ich bin damit groß geworden. Ich habe die Frauen
erst zu jener Zeit kennengelernt. Die ersten Frauen, die
ich geliebt habe, waren selbst Kinder dieser Zeit.

F. G. Ich sehe auch keinerlei Veranlassung, weiter zu insistie-
ren. Außer – es ist doch eine »Verwirrung« erkennbar bei
den Männern, seit die Frauen auf ihre Freiheit pochen,
und darüber hätte ich ganz gern ausführlicher geredet.
Vor allem, über die merkwürdige Situation der Väter
heute … Ein wichtiges Thema. Aber wenn Sie das nicht
so empfinden …

B.-H. L. Doch … Reden wir über die Väter …

F. G. Es ist ein bedenkenswertes Problem, und zwar in zweierlei Hinsicht. Erstens: das Bild des Vaters ist getrübt,
seitdem er nicht mehr der einzige ist, der »die Brötchen

verdient«, der einzige, der das Geld nach Haus bringt. Was soll er dann überhaupt noch da, so ein Vater? Vor allem, wenn er immer nur arbeitet und kaum vorhanden ist. Wohingegen die Mutter, selbst wenn sie viel Arbeit hat, in allen entscheidenden Lebensphasen des Kindes präsent ist. Dies mal als erstes. Die Töchter dieser Väter könnten sich doch nun durchaus fragen: Was soll's, so einen Mann zu haben?

B.-H. L. Die Töchter, aber auch die Söhne. Sie kennen ja den Fall Aragon ...

F. G. Der Fall Aragon ist noch vertrackter.

B.-H. L. Vertrackter und völlig verrückt. Diese Mutter, die ihn als Bruder ausgibt ...

F. G. Es ist ihm ja auch etwas davon geblieben ...

B.-H. L. Da ist auch noch der Fall Malraux. Oder Sartre. Oder Camus. Kurios, all diese vaterlosen Schriftsteller, die ihre Rolle als Sohn allesamt so problematisch erlebten.

F. G. Ein verstorbener Vater, das ist etwas ganz anderes als ein immer abwesender oder ein von einem getrennt lebender Vater. Ein Toter kann einen sehr starken Eindruck hinterlassen, ein Bild, gegen das man sich wehrt, um sich selbst zu behaupten.

B.-H. L. All diese Dramen von mißglückter, vernachlässigter, verkümmerter Vaterschaft ... In gewisser Weise spricht die Literatur von nichts anderem. Sie spricht nicht nur davon ..., man könnte sich sogar fragen, ob das nicht ihre eigentliche Quelle ist, ihre ursächliche Inspiration. Was ist denn ein Schriftsteller? Jemand, der seinen Ursprung zu fassen sucht, neu erfindet. Jemand, der sich da hineinschreibt und dadurch seine Geschichte neu schreibt. Der Vater und seine Neufassung. Das Gesetz und seine Überschreitung.

F. G. Ein schönes Dissertationsthema, aber nichts für mich. Ich sprach über Kinder, die ihren Vater entbehren, den es aber irgendwo gibt, und über Väter, die ihre Kinder entbehren müssen ... Mehr als zwei Millionen Paare leben getrennt, mehr als sechshunderttausend Kinder sehen niemals ihren Vater ... Nicht immer sind die Frauen dafür verantwortlich, aber sie sind es in hohem Maße. Nach dem stereotypen Bild der modernen Frau, mit dem sie sich identifizieren, sind sie freie Menschen, und dennoch gute Mütter. Das heißt, sie lassen ihre Kinder nicht los ... Und da sie im Falle einer Scheidung die besten Chancen haben, das Sorgerecht zu erlangen, wird der Vater ausgeschlossen ... Bei einem Paar ohne Trauschein, was heute üblich ist – die Zahl der unverheirateten Väter hat sich in zwanzig Jahren verzehnfacht –, stellt sich die Frage nach dem Sorgerecht nicht einmal, wenn die Frau Widerspruch einlegt. Sie hat sämtliche Rechte. Mit anderen Worten: um ein vollwertiger Vater sein zu können, muß der Mann sich Mühe geben, sich die Gunst der Mutter zu erhalten. Das nennt Evelyne Sullerot die Strategie der Schwachen, jahrzehntelang von den Frauen befolgt. Aber die Männer sind das nicht gewohnt und stellen sich mehr oder weniger ungeschickt dabei an.

B.-H. L. Ich kann das nicht beurteilen.

F. G. Hierüber wäre noch viel zu sagen, aber ich will es nicht weiter ausführen.

B.-H. L. Nein, nein, das ist wichtig. Ich sage, »Ich kann das nicht beurteilen«, aber ich weiß, daß es wichtig ist.

F. G. Die Frauen tragen einen Gutteil Verantwortung für diese Abwertung des Bildes vom Mann mit all ihren Konsequenzen, wie auch für diese »Erschleichung« des Kindes.

152

B.-H. L. Ich habe eher gegenteilige Erfahrungen. Diese »neuen Väter« nach Mai 68, von den Zufällen des Lebens begünstigt (oder gezwungen), ihr Kind »zu erschleichen« und damit gleichzeitig die Rollen zu vermischen, wieder aufzunehmen, neu zu erfinden – Vater, Mutter, großer Bruder, ideales Vorbild, Vertrauter … Aber warum darüber reden? Das ist alles gleichzeitig so verknüpft mit den Zufälligkeiten des Lebens …

F. G. Das eine schließt das andere doch nicht aus.

B.-H. L. Ich sage, die »neuen Väter«. Ich erwähne »Mai 68«. Und kaum habe ich es ausgesprochen, frage ich mich schon: was war denn da Neues? war es nicht das ewige affektgeladene Melodram?

F. G. Einerseits ja, andererseits nein, selbst wenn grausame Wunden gerissen werden. Denn wenn eine Frau sich entschließt, das Sorgerecht dem Vater zu überlassen, weil sie es für das Beste hält für ihr Kind, dann stempelt man sie als Rabenmutter ab und erzeugt Schuldgefühle in ihr.

B.-H. L. Das stimmt.

F. G. Das alles ist nicht so einfach. Aber es ist eine sehr, sehr ernste Angelegenheit. Ein Thema für sich, das den Kindern aufgezwungene Schicksal, aufgrund der Entwicklung des Zusammenlebens der Eltern und speziell der Entwicklung der Frauen … Diese Konzentration auf sich selbst, das Hauptcharakteristikum unserer Epoche, der Individualismus, wenn Sie so wollen … Wie kann er in Einklang gebracht werden mit der Liebe zum Kind, das doch so fordernd ist, mit dieser Liebe, die täglich Selbstlosigkeit verlangt? Ein Riesenproblem … Aber ich schweife immer weiter von unserem Thema ab. Pardon!

B.-H. L. Und ich gehe einen Schritt zurück: diese »Verwirrung«. Wieso haben Sie von »Verwirrung« gesprochen? Warum bestehen Sie darauf, die Männer müßten »verwirrt« sein? Sie sagen: »Die Frauen haben sich emanzipiert.« Lassen wir diese These einmal stehen. Doch selbst wenn Sie recht hätten, selbst wenn vor unseren Augen eine neue, freiere, wahrhaftigere, gleichberechtigtere Frau erblühen sollte, verstehe ich dennoch nicht, inwiefern das die Männer in Panik versetzen sollte. Das wäre im Gegenteil sehr gut. Wäre eher eine positive Neuerung.

F. G. Für Männer, die die Frauen wirklich lieben, das glaube ich auch. Die sagen und zeigen es oft auch. Vorbei die Zeit der Schnattergänse oder der verschlagenen Dienerinnen; ihnen stehen Frauen gegenüber, die zu verführen und zu halten weitaus interessanter ist, auf die sie, wenn's gelingt, stolz sind, bei denen sie sich jedenfalls »gefordert« fühlen.

B.-H. L. Da sagen Sie es ja selbst.

F. G. Das haben wir doch bereits gesagt: der Mann, der die Frauen liebt, gehört nicht zur landläufigen Spezies.

B.-H. L. »Liebe zu intelligenten Frauen, Vergnügen für Päderasten«, wie Baudelaire sagt. Der einzige Satz Baudelaires, den ich dumm, ja fast schon vulgär finde.

F. G. Wie viele Männer zweifeln an sich selbst und fühlen sich destabilisiert durch weibliche Unabhängigkeit, die nur auf finanzieller Autonomie beruht. Wie viele haben Angst vor Frauen, schlichtweg Angst, und geraten in Panik, wenn sie einen Anflug von Überlegenheit bei der Frau zu entdecken vermeinen. Diese fühlen sich in ihrer Virilität bedroht, und das kann sie sehr boshaft werden lassen. Das sind die größten Frauenverächter.

B.-H. L. Völlig einverstanden. Nur daß ich nicht begreifen kann, warum Sie das unbedingt mit finanzieller Autonomie verquicken wollen.

F. G. Weil das der Schlüssel für alles ist! Zumindest zur Unabhängigkeit.

B.-H. L. Sie werden mir die Augen auskratzen: aber ich finde, Geld steht Frauen nicht gut zu Gesicht!

F. G. Vor allem, wenn sie keins haben!

B.-H. L. Mir würde es schwerfallen, eine »Bankerin« zu lieben, oder eine »Geschäftsfrau«.

F. G. Zwischen einer Bankerin und einer Frau, die niemanden braucht, um ihre Miete zu bezahlen, liegt ein beträchtlicher Abstand!

B.-H. L. Wenn ich mit einer Frau zum Mittagessen gehe, würde allein schon der Gedanke, sie bezahlen zu lassen, mir unschicklich vorkommen. Oder dieses »die Rechnung teilen« ... Dieses Teilen überhaupt ... So ein Essen »unter Freunden«, wo die Rechnung geteilt wird ...

F. G. Das ist etwas anderes. Eine Frau kann sowohl ein Bankkonto als auch Taktgefühl haben.

B.-H. L. Und ein Mann kann arm und dennoch galant sein.

F. G. Aber Geld, Bernard, nicht Vermögen, sondern das Geld, das man verdient, das den Lebensunterhalt sichert, dieses Geld bedeutet Macht. Zumindest Macht über sein eigenes Leben, die eigenen Ausgaben, die eigenen Freuden, die man sich gönnt. Es bedeutet, daß man sich eben nicht schuldig fühlt, wenn man sich mal etwas leistet, was einer Augenblickslaune entspringt ... Dabei wäre noch viel zu sagen über die Einstellung der Frauen zum Geld, ihre Schuldgefühle, selbst wenn sie dieses Geld selbst verdienen, aber ... Diese Macht, darüber zu verfügen – daß ihnen diese Macht entgleitet, können manche Männer nur äußerst schwer ertragen ...

B.-H. L. Das glaube ich nicht. Bestimmt nicht! Was wollen Sie mir da aufschwätzen? daß die Männer verärgert wären, wenn ihre Frauen Geld verdienen und mit diesem Geld selbständig sich mal eine Freude leisten? Was für eine Idee! Was für eine komische Idee! Kein Mann aus meinem Bekanntenkreis, keiner meiner Freunde würde die Dinge so sehen.

F. G. Das Wesentliche sind nicht die kleinen Freuden, die man sich »gönnt«, es geht um Un-ab-häng-ig-keit ...

B.-H. L. Gut, dann will ich auch einmal Klartext reden: Man kann eine Frau haben, die einen Beruf hat, die Geld verdient. Und erstens, sich überhaupt nicht dafür interessieren, was sie damit anfängt; zweitens: nie auf den Gedanken kommen, sie könne sich dadurch emanzipieren, sich einem entziehen.

F. G. Weil Sie ein selbstsicherer Mann sind.

B.-H. L. In einem bin ich schon etwas altmodisch, ich finde es nämlich peinlich, über so etwas zu reden. Es gibt Paare, die »Budgets« erstellen. Die Ausgaben »programmieren«. Oder, schlimmer noch, sich die Ausgaben »teilen«. Halbe-halbe, was die Miete betrifft. Oder: die Weihnachtsferien zahlt der eine, die Sommerferien der andere. Mir ist es sympathischer, wenn man sich anders arrangiert und – das wiederhole ich – diese Fragen weniger scharf umreißt. Für Sie klingt das wieder nach Scheinheiligkeit – und da haben Sie sogar recht. Sie werden einwenden, wenn ich ein Facharbeiter wäre und die Frau meines Lebens Verkäuferin in einem Kaufhaus, dann würde ich anders argumentieren – und da hätten Sie abermals recht. Obwohl ... Ich weiß nicht ... Das Geld, die Sorge ums Geld – wieder ein Liebestöter!

F. G. Ohne Zweifel. Vor allem der Mangel. Das Ideale wäre, daß jeder von beiden genug verdient, damit niemals darüber gesprochen werden muß.

156

B.-H. L. Nicht unbedingt. Nein, nicht unbedingt.

F. G. Es ist schon komisch: Sie sind viel jünger als ich, und doch kommt es mir manchmal so vor, als hörte ich meinen Großonkel Adolphe reden. Dieser wackere Mann pflegte zu sagen: »Solange ich lebe, wird keine Frau aus meiner Familie je arbeiten.«

B.-H. L. So denke ich nicht.

F. G. Natürlich nicht. Ich will damit nur sagen, daß irgend etwas in Ihnen einer früheren Zeit angehört.

B.-H. L. Als ich noch in der Pubertät war, faszinierten mich zwei »Typen« von Frauen. Da war zuerst einmal die aus der Großbourgeoisie. Oder besser: die Frau eines Mannes, der es »zu etwas gebracht hatte«. Sie wissen schon ... Diese Frauen reicher Männer ... Einflußreicher Männer ... Diese Frauen, denen ihre einflußreichen und fürsorglichen Gatten sogar den Gedanken ans Geld und seine Anwendung abgenommen haben. Sie sind bezaubernd. Manchmal bildschön. Leben in einem goldenen Käfig das köstlichste aller Leben. Aber schauen Sie mal genauer hin. Dann erkennen Sie diesen abwesenden Blick. Diesen Hauch von Melancholie. Diesen Überdruß, den sie ausstrahlen. Wie sie plötzlich ins Schwimmen geraten. Wie peinlich es sie berührt, wenn bei einer Abendeinladung die (zugegebenermaßen idiotische, aber immerhin mögliche) Frage gestellt wird, was sie »sonst« tun.

F. G. Sie blasen Trübsal.

B.-H. L. Man glaubt doch, sie hätten alles, um glücklich zu sein. Sie werden so verwöhnt. Doch man spürt, daß irgend etwas zerbrochen ist in ihrem Innern. Daß ein Teil der Quelle, aus der ihre Neugier oder ihr Interesse für die Welt sich speisen müßte, versiegt ist. Ja, sie sind ins Trudeln geraten. Geistig ein wenig weggetreten. Dieser Hauch von Wahnsinn, dieser sanfte Wahnsinn wird, wenn sie Fünfzig sind und der Herr Generaldirektor, mit dem sie verheiratet sind, sie schließlich sitzen läßt, voll zum Ausbruch kommen. Das sind Frauen, die zu verführen reizvoll war. Weil es einfach (sie langweilten sich ja so!) und gleichzeitig ungemein schwierig war (es gab so wenig, das vor ihren Augen Gnade fand und geeignet war, die Mauer ihrer Gleichgültigkeit zu durchbrechen!) –, aber auch, weil sie sich im allgemeinen als auffallend sanfte und zuvorkommende Geliebte erwiesen. Doch ich spürte gleichzeitig all die Trübsal in ihrem Leben. Erriet den Leerlauf. Ihr wirklich tiefes Elend. Sie befanden sich innerhalb und zugleich außerhalb des Lebens. Hoch oben auf der Skala der Privilegien – und ausgeschlossen von der Gesellschaft. Abgekoppelte Frauen. Frauen, um die herum in gewisser Weise ein leerer Raum entstanden war.

F. G. Frauen dieser Art gibt es immer und überall. Sie gehen einem irgendwie zu Herzen. Man weiß nie, worüber man mit ihnen reden soll …

B.-H. L. Ja. Das sind wirklich befremdliche Wesen. Doch, wie ich schon sagte, sanfte, zuvorkommende Geliebte. Das muß ich sagen. In gewisser Weise haben sie ja auch nur das zu bieten. Aber, wenn ich darüber nachdenke, steckt da doch auch ein gewaltiger Egoismus dahinter. Bloß kein Risiko eingehen! Der Gedanke: »Bloß nichts verlieren, nicht den Urlaub in Megève, die Silvesterparty bei den X., nicht einmal diese gähnend langweiligen Diners, wo bestimmt wieder die Frage kommt, was man ›sonst‹ tue, die aber doch dazugehören, automatisch!« Sie wagen schon etwas, diese Frauen. Aber nur halbherzig. Nur andeutungsweise. Ihre Gesten sind bemessen, wohl kalkuliert, und niemals würden sie das Risiko eingehen, das

»Wesentliche« zu gefährden. In dieser Hinsicht ein Rückschritt im Vergleich zum vorigen Jahrhundert! Damals verloren solche Frauen schlichtweg den Kopf. Emma – aber nicht nur Emma – gab von sich selbst das Bild einer Frau, die langsam, aber sicher den Kopf verlor. Wohingegen die heutigen Emmas doch verteufelt dazu neigen, es bei einem Wochenende in der Normandie, im Familiendomizil, und, wenn möglich, der verschworenen Mitwisserschaft des ergebenen Hausdienerpaars bewenden zu lassen ... Was ist da los? Was hat sich verändert? Ich weiß es nicht ...

F. G. Vielleicht weil schlicht und einfach niemand mehr von ihnen erwartet, daß sie den Kopf verlieren? Daß so eine Wahnsinnstat nur auf erstauntes Kopfschütteln stoßen würde? Und sie das vielleicht wissen?

B.-H. L. Eine hübsche Antwort ... Doch ich glaube, sie ist falsch ... Einen Nervenkitzel, warum nicht. Beim Gatten gerade so viel Zweifel oder Verdacht wecken, wie nötig ist, um seine Glut neu zu entfachen, wäre die noch bessere Lösung. Aber man unterstehe sich nicht, von ihnen auch noch zu erwarten, daß sie den Kopf verlieren und alles aufs Spiel setzen! Nein, das ginge wirklich zu weit ...

F. G. Im Grunde sind Ihre Großbürgerinnen also Kleinbürgerinnen ... Spießig!

B.-H. L. Ausnahmsweise will ich einmal den historischen und soziologischen Standpunkt einnehmen. Ich glaube, den wirklichen Wandel brachte die Scheidung. Früher gab es keine Scheidung. Die Ehebrecherin brauchte sich keine Zügel anzulegen. Sie konnte es sehr, sehr weit treiben. Schlimmstenfalls, wenn sie ertappt wurde, kam es zum *gentleman agreement*, so wie es zumindest in der guten Pariser Gesellschaft bis zur »Belle Epoque« praktiziert wurde. Situationen dieser Art finden sich bei Balzac. Maxime de Trailles ... Und andere ... Der Held aus *Point de lendemain*, diesem kaum bekannten und so schönen Roman von Vivant Denon ... Das sind natürlich gehörnte Ehemänner; die sich mit ihrem neuen Status aber abfinden und gezwungenermaßen den Liebhaber ihrer Frau tolerieren. Heute vollzieht ein Maxime de Trailles den Bruch. Und zwar sofort. Und da seine Partnerin das weiß, trifft sie alle erdenklichen Vorkehrungen, damit das Geheimnis nur ja nicht durchsickert. Mit kühlem Kopf. Gezähmter Leidenschaft. Bloß kein Wagnis eingehen! Das ist häufig – und das können Sie mir glauben – das Porträt der modernen Bovary ...

F. G. Ich glaube, Sie haben recht. Die Bovarys von heute – und die gibt es durchaus noch, und nicht nur in der Großbourgeoisie – gehen selten das Risiko ein, die Annehmlichkeiten ihres Lebens zu verlieren. Dazu gehört auch der Gatte. Worin sie übrigens nicht echte Bovarys sind ... Bei Emma gehört der Gatte ja gerade zu all dem, was sie mit Abscheu verwirft. Sie träumt von gesellschaftlichem Aufstieg ... Es kommt jedoch auch vor, daß eine Frau, die ihre große Liebe entdeckt, alles zertrümmert, und zwar mit Getöse, so daß die ganze Stadt davon spricht. Das kennen wir, Sie und ich. Doch, wenn ich Sie richtig verstehe, sind Sie der Meinung, daß die Scheidung, die ja einfach ist, im Grunde die Paare, die Ehebruch begehen, festigt? Eine originelle Idee, die vermutlich richtig ist.

B.-H. L. Weil Scheidung einfach ist, sind die Leute, und besonders die Frauen, vorsichtiger geworden. Geschickter in der Kunst der Lüge. Verschlagener. Ehebruch gilt schon fast als eine der schönen Künste ...

F. G. Wahrscheinlich ... Doch sobald die große Leidenschaft da ist, macht sie alle Vorsicht zunichte. Ich weiß nicht, ob man es als Glück oder Unglück bezeichnen soll, doch mir scheint, als würden solche großen Leidenschaften immer seltener ... Vielleicht sollte man eher sagen, sie werden nicht mehr wie früher so künstlich aufgebauscht mit Träumen, mit Angelesenem, mit der vagen Vorstellung, man müsse doch einmal in seinem Leben eine große Leidenschaft erlebt haben ... Das »Modell« von Liebesleidenschaft, das uns beispielsweise im Film vorgeführt wird, hat sich doch sehr verändert. Rougemont, den wir bereits erwähnten, wettert gegen die im Westen als Ideal proklamierte Darstellung von Leidenschaft. Würde man solche Dinge nicht zeigen, sagt er, grob gefaßt, und wüßten die Menschen nicht, daß es leidenschaftliche Liebe geben kann, dann würden sie sie nie empfinden. Ein frommer Wunsch. Doch mir scheint, diese Vorstellung ist weniger weit verbreitet als früher. Welches »Modell« von Liebe haben wir denn heute, mit dem die jungen oder auch weniger jungen Leute sich mehr oder weniger gern identifizieren würden? Ich weiß es nicht zu benennen. Wissen Sie's?

B.-H. L. Ich weiß es auch nicht ... Schwer zu sagen ... Instinktiv würde ich antworten, daß sich auch da nicht viel geändert hat und die Menschen immer noch – wenn auch zwiespältig, aber dennoch heftig – angezogen sind vom klassischen Modell der leidenschaftlichen Liebe. So etwas wie: »Lieben – das heißt doch, ein Stück von sich aufgeben; sich verlieren; sich hingeben; eventuell sogar, sich abhängig machen vom anderen; folglich ein immenses Wagnis; eines der schlimmsten Dinge, die einem Mann oder einer Frau passieren können; und dennoch, alles in

161

allem gesehen, eines der wenigen Wagnisse, die dem Leben Würze verleihen, es lebenswert machen.«

F. G. Ich glaube, Sie haben recht. Das Modell »Große Liebe« steht noch immer hoch im Kurs, hat seine ein wenig anrüchige Anziehungskraft bewahrt ... Es ist die Hölle, in der man aber liebend gern schmort.

B.-H. L. So kann man es in der Tat auch ausdrücken.

F. G. Aber wir kommen vom Thema ab, lieber Bernard. Wir sprachen über die Beziehung der Frauen zum Geld. Sie sagten, Ihrer Meinung nach gebe es zwei Zerrbilder.

B.-H. L. Allerdings.

F. G. Da hatten wir also die aus der Großbourgeoisie, die »Abgehobene«. Dann gibt's eine andere. Wie sieht die aus?

B.-H. L. Sagen wir, es ist die »Kämpfernatur«. Die Frau, die für sich einsteht und – wie Sie sagen würden – ihr Leben selbst in die Hand nimmt. Die dynamische Frau. Die Macht hat. Die man im Morgengrauen im Speisesaal großer Hotels ein »Arbeitsfrühstück« einnehmen sieht. Die Zigarren raucht. Die Golf spielt. Das Mannweib, kurz gesagt, das die unsympathischsten Attribute der Männer übernommen hat. Ich weiß, daß das – in einer Hinsicht – als »Fortschritt« zu werten ist. Ich weiß auch, daß ich jetzt gleich wieder von Ihnen hören werde, ich erinnerte Sie an Ihren Onkel Adolphe. Aber dies ist in meinen Augen nun einmal nicht die schmeichelhafteste Rolle für eine hübsche Frau. Und ich empfinde immer ein gewisses Unbehagen – das gebe ich zu –, wenn ich sie so sehe: unausgeschlafen, zu hastig geschminkt, zu flüchtig frisiert, zu fahrig die Handhabung des Lippenstifts, aber eifrig »business« diskutierend mit einem Firmenchef oder Bankdirektor ... Baudelaire verwendete schreckliche Worte, um diese männliche Komponente des »Weibs Sand« zu geißeln. Ich beschränke mich darauf, dieses zweite Modell mindestens ebenso jämmerlich zu finden wie das der »Abgehobenen« ...

F. G. Auch noch Zigarren, welch ein Graus! Und zum Frühstück! Allzu viele von dieser Sorte dürften Sie allerdings nicht treffen ... Golfspielerinnen wohl eher ... Doch merkwürdig ist's schon, das Bild, das Sie da skizzieren ... Berufstätige Frauen sind im allgemeinen nämlich äußerst gepflegt. Immer in Eile, aber gepflegt; und was bedeutet es, wenn sie es an einem Morgen mal nicht sind? Daß es ihnen an jenem Morgen eben nicht in erster Linie darum ging, zu gefallen. Eine Frau, die nicht gefallen will ...? Brrr, eine Vogelscheuche! Sehen Sie, wie Sie sind ...? Nicht nur überzeugt, daß die Männer stärker, intelligenter, mutiger, kreativer, rationaler, eben die Herren sind! und die Frauen sie nur hechelnd imitieren und außerdem dabei noch ihre allzu sprichwörtliche Weiblichkeit einbüßen! Als ob Weiblichkeit ein Gegenstand wäre, den man auf einem Sessel liegenlassen und vergessen kann. Herrje! Sie stimmen mich traurig ... Baudelaire hat auch noch gesagt, die Frau sei eine Eiterblase – eine tolle Referenz, die Ihnen da eingefallen ist! Stimmt schon, er liebte ja nur Huren, mit Vorliebe, wenn sie die Syphilis hatten.

B.-H. L. Der arme Baudelaire ... »Nur Liebe zu schlürfen und sterben zu dürfen ...« Lassen wir Baudelaire, einverstanden?

F. G. Ich hab ihn ja nicht hervorgekramt ...

B.-H. L. Das stimmt.

F. G. Also gut.

B.-H. L. Aber lag er bei den Huren so völlig falsch? Ich habe entzückende kennengelernt.

F. G. Darüber sprachen wir nicht.

B.-H. L. Zurück zur Grundfrage: Was sagte ich da? Gewiß nicht – und das wissen Sie sehr wohl –, die Männer seien »intelligenter, mutiger, kreativer, rationaler«. Gewiß nicht, die Schriftstellerinnen, die Journalistinnen, die Künstlerinnen, die Philosophinnen seien unbegabter, uninteressanter als die Männer. Doch eine bestimmte Art von Macht, von Zurschaustellung von Macht paßt – und das bejahe ich nochmals – nicht in meine Vorstellung von der Rolle der Frau in der Welt.

F. G. Das ist eine ernstzunehmende Fragestellung. Die Beziehung der Frau zur Welt und zur Macht. Sie kennen Pierre Bourdieus Satz: »Mann sein bedeutet, eine Position innezuhaben, die Macht impliziert.« Umgekehrt könnte man formulieren: Frau sein bedeutete lange, eine Position innezuhaben, die Unterwürfigkeit, wenn nicht gar Gehorsam implizierte.

B.-H. L. Halt! Das ist etwas anderes. Sie wollen mich ja wohl nicht zum Verfechter weiblicher Unterwürfigkeit abstempeln!

F. G. In den letzten zwanzig Jahren hat sich das Bild gewandelt, dieses System ist zusammengebrochen, die Frauen haben es zum Kippen gebracht, manchmal mit Hilfe bestimmter Männer, und zwar derer, die in sich gefestigt sind, die wirklich erwachsen sind, die ihre Männlichkeit nicht bedroht sahen, weil Machtbefugnisse in die Hände von Frauen übergingen.

B.-H. L. Das sag ich ja.

F. G. Die anderen haben bestimmt darunter gelitten und leiden immer noch, sind aus dem Gleichgewicht geraten durch diese kämpferischen, dynamischen Frauen. Zum Glück weit weniger in Frankreich als anderswo, vor allem in den USA, wo sie sich wirklich geschwächt fühlen. Die Beziehungen zwischen Mann und Frau sind und bleiben in Frankreich die besten in der Welt, auch wenn es nicht immer das Paradies ist.

B.-H. L. Darüber sind wir uns einig. Zigmal schon waren wir uns einig. Und ich war der erste, der sich freute, als wir zum Beispiel einen weiblichen Premierminister bekamen. Aber erinnern Sie sich nur an das schlüpfrige Gerede damals. Die zotigen Scherze der einen, die Andeutungen der anderen. Erinnern Sie sich an diesen Wicht, der gleich am ersten Tag über »Mitterrands Pompadour« höhnte. Das alles war obszön. Und dagegen mußte man sich – und wer würde es leugnen? – zur Wehr setzen.

F. G. Bin froh, es von Ihnen zu hören.

B.-H. L. Meine Position ist schlicht und einfach die: Ein Hoch – und ich sage es nochmals – den Frauen, die die Macht ergriffen und vor allem Geschmack daran gefunden haben! Für mich persönlich hat Macht nichts Erregendes. Sie erscheint mir nicht erstrebenswert. Und daher macht diese Facette der Frauen sie für mich nicht begehrenswert.

F. G. Vorhin sind Sie weiter gegangen. Sie redeten von fahrigem Umgang mit dem Lippenstift und allerlei anderem.

B.-H. L. Ja. Ich finde, daß ihnen diese Rolle nicht steht. Es gibt vermutlich Männer, die in der Tatsache, daß eine Frau Generaldirektorin ist, noch einen zusätzlichen Charme sehen. Bei mir ist es das Gegenteil. Ich möchte es lieber vergessen. Und diese Frauen anders, zu anderen Stunden, erleben als in Ausübung ihrer Funktion.

F. G. Und wer hindert Sie daran? Es gibt die berufliche Bindung, aber auch die anderen, zum Glück.

B.-H. L. Noch etwas anderes: das mit den schlecht frisierten, schlecht geschminkten Frauen. Sie werden mir wieder die Augen auskratzen. Aber was wollen Sie? Das gehört nun mal zur fundamentalen Ungerechtigkeit, zum Ur-Ärgernis. Ein schlampig gekleideter, schlecht rasierter Mann – das ist annehmbar.

F. G. Nein!

B.-H. L. Eine hübsche Frau mit Ringen unter den Augen, mit fahlem Teint, das sieht immer irgendwie traurig aus.

F. G. Ich behaupte weiterhin, daß berufstätige Frauen im allgemeinen gepflegt sind. Und daß Sie dieselbe, die Ihnen vielleicht ein wenig nachlässig erschien, am Abend strahlend und verwandelt wiedertreffen können. Frauen sind Chamäleons. Nein, mein Lieber, das Problem liegt anderswo. Ich habe durchaus Verständnis für Männer, die nach einem bestimmten Schema erzogen wurden und nun Schwierigkeiten haben, wenn sie beispielsweise eine Frau als Vorgesetzte bekommen.

B.-H. L. Ich nicht. Aber im Bett solcher Frauen sehe ich mich nicht!

F. G. Das ganze männerorientierte System bricht zusammen. Den Männern darf man es nicht verübeln. Jeder geistige Strukturwandel braucht Zeit, das dauert Generationen. Aber warum sollten Frauen nicht auch Macht erhalten, Machtbefugnisse, sofern sie die entsprechenden Fähigkeiten besitzen? Wo steht geschrieben, daß sie auf ewig zur Unterwürfigkeit verdonnert wären? Dann sprachen Sie noch von der Zurschaustellung von Macht. Die ist immer unangenehm, egal, wer sie praktiziert, Mann oder Frau. Doch man darf nicht übersehen, daß Macht für die Frauen etwas Neues ist, viele sich noch etwas unsicher fühlen und daher etwas übertreiben. Es mag irgendwie lächerlich wirken, aber schlimm ist es nicht. Auch da muß etwas Zeit vergehen ...

B.-H. L. Jetzt muß ich Sie aber mal necken. Ihre Nachsicht, die Sie hier an den Tag legen, ist schier unglaublich! Man könnte fast meinen, hier spräche jemand über Kolonial-politik und hielte einen Vortrag, wie sich Unabhängikeit erlernen läßt.

F. G. Nachsicht? Das ist es ganz sicher nicht! Erfahrung einer älteren Person, die ja schon ein Weilchen da mitmischt und viele Frauen erlebt hat, die sich herumschlagen mußten mit diesem blöden Thema »Macht« – das trifft's schon eher. Aber Nachsicht ... Nichts läge mir ferner.

B.-H. L. Doch, doch: Nachsicht einer, die es nämlich geschafft hat. Sie gehören doch zu den wenigen Frauen, denen es gelungen ist, Macht und Charme zu vereinbaren.

F. G. Ist mir das gelungen? Ich weiß es nicht. Rückblickend scheint mir diese Kombination gar nicht so schwierig ge-wesen zu sein.

B.-H. L. Wenn ich Ihr Leben betrachte, kommt mir übrigens im-mer wieder dieselbe Frage in den Sinn. Doch, doch, ich meine es ernst und muß Sie jetzt einmal deutlich fragen: Lieben Sie die Frauen wirklich, Françoise? Fühlen Sie sich in ihrer Gesellschaft wirklich so wohl, wie Sie glau-ben?

F. G. Das hängt ganz von den Frauen und ihren Tätigkeiten ab. Manchmal, und da haben Sie recht, weiß ich wirklich nicht, was ich mit ihnen reden soll; aber wenn sie hübsch sind, macht es mir doch immerhin Spaß, sie an-zusehen.

B.-H. L. Da haben wir's: Nachsicht!

F. G. Absolut nicht. Ich habe eine Reihe von Freundinnen, die mir sehr viel bedeuten. Und auch noch hübsch sind!

Und mit denen ich viele Interessengebiete teile. Da plappern wir dann wie die Elstern. Eine von ihnen ist Journalistin bei einer großen Wochenzeitung. Wenn ihr Mann uns zusammen sieht, sagt er sofort: »Lassen wir die Frauen in Ruhe, sie reden über Politik.«

B.-H. L. Versuchen wir doch einmal, den Kern des Problems zu ergründen. Wenn ich Sie höre, muß ich mich fragen, woher es denn kommt, daß mir das Frauenmodell »Generaldirektorin« so wenig begehrenswert erscheint – selbst wenn (und ich glaube, das versteht sich von selbst) eigentlich nichts an ihr auszusetzen ist, wenn sie, wie Sie sagten, gepflegt und tadellos auftritt.

F. G. Das können nur Sie beantworten. Vielleicht hängt das damit zusammen, daß man mit der Funktion ein bestimmtes Auftreten, eine Form von Autorität assoziiert. Es ist doch eine Binsenweisheit, daß Männer in der Frau gern das zerbrechliche Wesen sehen möchten, weil sie sich dann um so stärker wähnen. Und ich gestehe Ihnen zu, daß Ihre zigarrenrauchenden Generaldirektorinnen nicht wie zerbrechliche Meißner Porzellanfigürchen wirken, die nach behutsamer Handhabung verlangen. Aber der Kern liegt vielleicht anderswo ...

B.-H. L. Zum verführerischen Reiz, den eine Frau ausstrahlt, gehört doch immer (wie wir neulich schon sagten) diese Nuance des geheimnisvoll Verschleierten, des Sich-Entziehens usw. Und genau das, was einem da entgleitet, wirkt erotisch. Und daher frage ich mich, ob sich angesichts dieses Frauentyps, angesichts dieser Frauen, bei denen die Freude an der Macht andere Leidenschaften verdrängt hat, nicht dieses ganz simple Empfinden einstellt: diese Nuance, die einem entgleitet, die sie fremd, distanziert, unerreichbar erscheinen läßt, ist doch etwas, das wir Männer, erstens, schon längst erkundet haben und von dem wir, zweitens, im Grunde sehr genau wissen, daß es unwesentlich ist.

F. G. Es ist aber ein Irrtum, zu glauben, Freude an der Macht verdränge andere Leidenschaften. Auf einige wenige, die in heftige Machtkämpfe verwickelt sind, mag das zutreffen ... Aber ihre Zahl ist verschwindend gering, und auf sehr junge Frauen trifft das ohnehin selten zu. Die »mit Macht ausgestattete Frau« ist mindestens vierzig Jahre alt, wenn nicht älter, und dann kann diese Leidenschaft eventuell Priorität erlangen ... Aber um die geht es Ihnen ja nicht ... Doch ich gestehe Ihnen gerne zu, daß Macht, jede Art von Macht, den betörenden Charme derer, die sie ausübt, eher mindert als erhöht. Das ist eine Tatsache. Aber ob das, was Sie sagen, der Grund ist? Vielleicht. Dennoch glaube ich, daß es etwas komplizierter ist und daß Macht vor allem das Bild der Rabenmutter oder der allmächtigen Mutter wiederaufleben läßt.

B.-H. L. Das Bild der Mutter ... Die Männer haben nichts gegen das Bild der Mutter ... Oder ..., wenn sie etwas dagegen haben, dann ist's eher, wie wir schon sagten, totale Ablehnung ... Nein, nein, ich beharre auf meinem Standpunkt: das einzige, woran sie hängen (und, wie mir scheint, wir alle hängen), ist die Unterschiedlichkeit der Geschlechter. Aber darüber sollten wir vielleicht morgen sprechen, oder?

F. G. Ein paar Worte können wir gleich dazu sagen.

B.-H. L. Gut.

F. G. Natürlich sind die Geschlechter verschieden und werden es auch bleiben. Zum Glück!

B.-H. L. Sie verwerfen also die feministische Idee vom erworbenen, ererbten, kulturellen Unterschied?

F. G. Man muß unterscheiden zwischen den erworbenen und in gewisser Weise überbewerteten und den tatsächlichen Charakteristika.

B.-H. L. Wo wollen Sie die Grenze ziehen? Wie wollen Sie das unterscheiden?

F. G. Der Prototyp der schwachen Frau, die in Ohnmacht fällt, wenn sie eine Maus sieht, ist ein ebenso künstliches Gebilde wie der Prototyp des starken Mannes, des Marlboro-Cowboys, der nichts und niemanden fürchtet, selbst wenn Generationen von Männern und Frauen sich diese Klischees einverleibt haben. Was die Frauen betrifft, so haben sie diese Zerrbilder nach und nach von sich abgeschüttelt. Die Männer aber wissen nicht mehr so recht, woran sie sind … Sie schwimmen ein wenig zwischen dem Ideal »starker Mann« und dem ihnen noch unbekannten Modell »neuer Mann«.

B.-H. L. Ach? Neuer Mann?

F. G. Der, dessen Erscheinen Elisabeth Badinter nicht ohne Optimismus ankündigt, der mit seiner bisher verdrängten weiblichen Komponente versöhnte Mann, das Pendant zu der sich ihrer männlichen Komponente bereits bewußten Frau. Ich glaube durchaus an maskuline Züge wie Selbstbeherrschung, den Willen, über sich selbst hinauszuwachsen, die Freude am Risiko, an der Herausforderung, und ich glaube auch an die weiblichen Züge wie Mitgefühl, Zärtlichkeit, Empfindsamkeit. Doch im Grunde besitzt keines der beiden Geschlechter darin ein Monopol, sie sind der Menschheit eigen, und die einen sind dazu da, die anderen zu mäßigen …

B.-H. L. Die Kernfrage ist: Glauben Sie an männliche und weibliche Identität und an den fundamentalen Unterschied zwischen diesen beiden Identitäten? Ich schon. Denn so ist es seit eh und je. Und so wird es auch auf ewig bleiben. Es sei denn, es käme zu einer Revolution, besser gesagt, zu einer Mutation der menschlichen Spezies, zum Weltuntergang, zum Beginn einer neuen ...

F. G. Glauben Sie wirklich, daß der Krieger des Mittelalters und der Büroangestellte von heute identisch sind? daß seitdem nichts geschehen ist? daß die Männer – und die Frauen – innerlich noch dieselben sind? Das glaube ich nicht. Eine Mutation, eine Metamorphose der menschlichen Spezies hat nicht stattgefunden, aber eine Evolution. Und in erster Linie ein Wertewandel.

B.-H. L. Natürlich. Evolution leugne ich ja gar nicht! Ich sage nur: zum ersten Male in ihrer Geschichte hängt die Menschheit einem Traum nach, und zwar dem Traum einer Aufhebung, oder besser gesagt, einer Auflösung der fundamentalen Trennung der Geschlechter. Sie erwähnten Elisabeth Badinter. Das ist es doch, was sie sagt, oder? Sie geht doch sogar so weit, die Perspektive »schwangerer« Mann ins Auge zu fassen? Dieser Traum ist in meinen Augen ein irrsinniger Traum. Und idiotisch.

F. G. Da bin ich mit Ihnen einverstanden. Ein Science-fiction-Alptraum. Aber ich glaube, davon ist sie inzwischen zum Glück wieder abgerückt.

B.-H. L. Ich möchte noch radikaler, andererseits aber auch nicht so radikal sein. Radikaler, weil für mich das nicht nur »Eigenschaften« sind. Es sind wirklich Identitäten. Das heißt, deutlich gesagt, Wesenheiten. Das heißt wiederum: Wesen auf dieser Welt, genuine Entwürfe dieser Welt – und zwischen ihnen besteht eine Art metaphysischer Abstand, ein Graben. Und nicht so radikal, weil Identität den Vorteil birgt, daß man spielerisch mit ihr umgehen, sie überlisten, sie überschreiten kann ...

F. G. Den Identitätsgedanken kann ich Ihnen nicht konzedieren, wenn es beispielsweise um den Mut geht, den man seit eh und je als männliche Eigenschaft charakterisiert hat und von dem ja wohl heute kein Mensch mehr sagen würde, er sei nicht ebenso den Frauen eigen ... Die Identität des einen und des anderen zu definieren, ist nicht einfach ... Aber es gibt wohl, und das glaube ich auch, zwei Identitäten. Und zwei Entwürfe dieser Welt mit diesem Graben dazwischen, ja, ganz sicher.

B.-H. L. In Stendhals *Über die Liebe* steht in einem Kapitel genau das. Die Frauen, sagt er, »finden nun einen so großen Genuß daran, in der brennenden Gefahr den Mann, ... an Festigkeit zu übertreffen, daß die Heftigkeit dieser Genugtuung sie von aller Furcht befreit, die in dem Augenblick den Mann überwältigt«; und dann zitiert er diesen überaus schönen Satz eines Historikers: »Alle Männer verloren den Kopf; in solchen Augenblicken legen Frauen eine unzweifelhafte Überlegenheit an den Tag.«

F. G. Auf Stendhal kann man sich eben immer verlassen.

B.-H. L. Auf der einen Seite gilt es, der Versuchung des »Unisex« oder des Neutralen oder, wieder einmal, des Androgynats, das unbestreitbar eine Verlockung unserer Zeit ist, zu widerstehen, und auf der anderen Seite ...

F. G. Sträubt sich etwas in Ihnen, Bernard, wenn ich von der weiblichen Komponente der Männer, von Ihrer weiblichen Komponente rede? Auch Sie wurden von einer Frau geboren, die Sie neun Monate lang in sich trug und ernährte ... Und wissen Sie nicht, daß Sie das für immer geprägt hat? Wie alle anderen menschlichen Wesen auch, wie immer sie sich gebärden mögen.

B.-H. L. Genau das. Sie hatten mir das Wort abgeschnitten. Ich

wollte gerade sagen, die große »Herausforderung« könne doch vielleicht darin bestehen, daß man auf der einen
Seite den Gedanken von der Einheit beider Geschlechter
verwirft, aber auf der anderen Seite, wenn der Unterschied markiert, die Teilung vollzogen und all dieser Unsinn über die ursprüngliche »Zwitternatur« eines jeden
von uns ausgeräumt ist, mit diesen Rollen spielerisch
umgeht, davon abweicht, sie verzerrt. Aber Vorsicht! Für
mich handelt es sich dabei um eine Verführungsstrategie!
Und das hat nichts zu tun mit dem Gerede über Mütter
oder verdrängte Weiblichkeit ...

F. G. Mit diesem »Unsinn«, diesem »Gerede« ... Wissen Sie,
woran ich bei unserem Gespräch denken muß? An diesen Wortwechsel, den ich irgendwo aufgeschnappt habe,
vielleicht steht's in *Die Begleiterin*, ich weiß nicht mehr.
Ein Mann fragt ein junges Mädchen: »Ist es schwierig,
eine Frau zu sein?« – »Ich glaube schon«, erwidert das
junge Mädchen. »Darüber klagen ja alle.« Er darauf:
»Auf jeden Fall ist es unmöglich, ein Mann zu sein. Das
gelingt keinem ...« A propos junge Mädchen, über die
haben wir noch kein einziges Wort gesagt ...

B.-H. L. Das stimmt.

F. G. »Hochgelehrte junge Mädchen, mit einer Seemeile unter
dem Augenlid ...« Einmalig wie immer, unser Valéry;
dieses »hochgelehrt« ist hübsch ...

B.-H. L. Blutjunge Mädchen haben mich noch nie begeistert.

F. G. Dabei sind doch gerade sie so geheimnisvoll. Diese Mischung von unvollendeter Kindheit und übersteigerter
Weiblichkeit.

B.-H. L. Ja schon, aber das berührt mich nicht. Diese blutjungen
Dinger haben mich nicht einmal gereizt, als ich selbst
noch sehr jung war.

F. G. Wenn ich ehrlich sein soll, bin ich gar nicht so sicher, daß ich die jungen Mädchen von heute überhaupt kenne. Die Jungen kenne ich besser, die Mädchen kaum.

B.-H. L. In ihrem verliebten Gehabe ist etwas, das mir immer irgendwie peinlich war. Das ist wohl dieses kindliche Fluidum, von dem Sie sprachen. Diese Transparenz. Diese Vertrauensseligkeit. Und im Grunde wohl dieses absolute Fehlen von Verschlagenheit.

F. G. Darauf sollten Sie sich nicht allzu sehr verlassen ...

B.-H. L. Vielleicht. Dabei ist es häufig genau das, was Männer an blutjungen Mädchen so verführerisch finden: eine Art Unschuld ... Das *Bild* der Unschuld ... Ich folgere also, daß Unschuld mich offenbar nicht fasziniert ...

F. G. Ich bin empfänglich für die körperliche Anmut junger Mädchen. Für diese Geste beispielsweise, die man jetzt überall sieht, wenn sie sich mit dem Finger eine Haarsträhne hinter das Ohr streichen. Das ist so reizend.

B.-H. L. Das stimmt. Es gibt zeitgebundene Gesten, wie es zeitgebundene Wörter gibt ...

F. G. Was mich verblüfft, ist, daß sie sich so oft in merkwürdige Probleme vergraben. Die Tage, die ihnen nicht schnell genug vergehen ... Die Zeit, die ihnen so lang, so endlos vorkommt, bis ich-weiß-nicht-was eintritt, das sie sich ersehnen ...

B.-H. L. Waren Sie glücklich als junges Mädchen?

F. G. Junge Mädchen sind niemals glücklich.

9 Über die Verführung
und ihre Spielarten

F. G. Bei all unserem Elan haben wir ein recht heikles Thema kaum berührt: die Verführung.

B.-H. L. Stimmt.

F. G. Da fällt einem natürlich erst einmal Don Juan ein. Als Thema zwar schon ein wenig abgedroschen, dieser Don Juan, aber immerhin: neben Don Quichotte die einzige moderne Mythengestalt seit den Griechen. Wie sieht Don Juan heute aus? Wie verführt er? mit welchen Waffen?

B.-H. L. Auch da glaube ich nicht, daß sich viel verändert hat ... Keine neuen Waffen, keine neuen Triebfedern, überhaupt nichts Neues ...

F. G. Der Meinung bin ich auch. Aber wie würden Sie ihn beschreiben?

B.-H. L. Zwei grundlegende Klischees. Erstens: er hat sie alle gehabt. Zweitens: ich bin die letzte.

F. G. Diese Überlegung spielt sich im Kopf der verführten Frau ab. Dieses »Ich bin die letzte« ist die große – verführerische – Illusion. »Ich werde ihn festhalten!« Aber was spielt sich in Don Juan ab? Nach welcher Mechanik agiert er? Warum jagt er wie ein Besessener den Frauen nach? Was sucht er? Da gibt es, wie Sie wissen, recht abweichende Interpretationen. Wie würden Sie es deuten?

B.-H. L. Meine Interpretation wollen Sie hören? Sie machen mir Spaß ... Der literarische Don Juan, der von Molière, von

Mozart, das ist eine Sache für sich. Darin steckt all das Verfemte der Figur. Die ganze Dimension seiner Auflehnung. Sein Verhältnis zu Gott. Denn darum geht's doch immer, oder etwa nicht? Wonach Don Juan wirklich sucht, das sind nicht die Frauen, das ist der Himmel. Und das war ja auch der Grund, warum das Stück zu seiner Zeit verfemt war. Soviel hierzu. Wenn wir nun über den anderen, den modernen Don Juan sprechen wollen, dann meinen wir etwas anderes ...

F. G. Der erste ist grandioser. Aber leider begegnen wir zumeist dem zweiten. Jetzt will einmal ich auf Albert Cohen verweisen, auf seine Frage, woher diese Verführungswut des Don Juan denn stammt, da er doch eigentlich keusch ist, von Bettgefechten nicht allzuviel hält, sie eintönig und primitiv findet und sich nur dazu hergibt, weil »die Frauen darauf bestehen«. Die treibende Kraft bei dieser Verführungswut ist laut Cohen die stete Hoffnung auf eine Niederlage, daß es doch endlich mal eine geben müßte, die ihm widersteht.

B.-H. L. Eines ist sicher: er bleibt immer unbefriedigt. Ohne diese fundamentale Unbefriedigtheit gäbe es keinen Donjuanismus. Hiervon ausgehend, sind zwei Hypothesen denkbar. Entweder ist diese Unbefriedigtheit ... wie soll man sagen? ... pathologisch oder völlig in der Ordnung der Dinge. Sie sagt etwas aus über die Zuordnung von Begehren und Wahrheit. Sie sagt uns: Begehren ist gleich Mangel; Begehren ist gleich Negativität; Begehren ist von seinem Wesen her Unfähigkeit, sein eigentliches Ziel zu erreichen, es sich einzuverleiben. Das wäre die andere Interpretation.

F. G. Ist das Ihre Interpretation?

B.-H. L. Das könnte die meine sein.

F. G. Soll das bedeuten, daß alle Männer ihre Don-Juan-Phase durchmachen, daß sie pathologische Züge aufweist oder daß sie sich einreiht in den Prozeß des Begehrens überhaupt? daß alle Männer mehr oder weniger fasziniert sind von der Figur des unermüdlichen Verführers, dem die Frauen reihenweise in den Schoß fallen?

B.-H. L. Ganz sicher, ja. Das spielt ganz sicher hinein. Da der Donjuanismus ja dieses Bekenntnis zum wahren Grund des Begehrens birgt. Dieser Versuchung des Don Juan erliegen die Männer alle, weil sie ja alle wissen, daß das Begehren nie gestillt wird ...

F. G. Versuchen wir, genauer zu sein. Unser konkreter Don Juan ... Der einem täglich über den Weg läuft ... Wie funktioniert es bei ihm? Was sind seine Beweggründe?

B.-H. L. Da gibt es einiges zu sagen. Nehmen wir nur den Anblick von Ehepaaren, wie sie sich in den meisten Fällen darbieten. Wie schal sie wirken! Wie kläglich! Ich erwähnte neulich mein Mißtrauen gegenüber dem Diskurs über das Modell »Junggeselle«, wie ihn uns das 19. Jahrhundert überliefert. Es versteht sich wohl von selbst, daß ich genau so viele Beispiele liefern könnte über das Modell »Ehepaar«, welches das gleiche 19. Jahrhundert in feste Form gepreßt hat. Wenn man das sieht, wie sollte man dann der Versuchung, sich etwas Lust zu verschaffen, seiner Phantasie nachzugeben, etwas Abenteuerliches zu erleben, nicht erliegen?

F. G. Ich glaube absolut nicht, daß besagtes Ehemodell Ursache ist für den Donjuanismus ... Denn sonst gäbe es ihn ja nicht mehr, seit wir das, wenn man so sagen darf, *moderne* Ehemodell haben ... Aber er hält sich wacker, ist kaum verblaßt.

B.-H. L. Da haben Sie recht.

F. G. So stelle ich Ihnen nochmals die gleiche Frage: Wie erklärt sich diese Neigung? diese Gier? woher stammt dieses Fieber von Frau zu Frau zu jagen?

B.-H. L. Ist das ein Fieber? Ich weiß nicht so recht. Der Prototyp des Don Juan – Valmont – ist doch eher, wie Sie wissen, das Gegenteil eines hektischen Menschen. Er ist berechnend. Ein Stratege. Ein Mann, dessen Haupteigenschaft seine »Intelligenz« ist, was seine Partnerinnen wissen und hinreichend fürchten …

F. G. Laclos sagt sogar »Prinzipien«. Er schreibt, was witzig ist, Valmont sei ein »Prinzipienreiter«. Und ergänzt sogar, dies sei sein schmutzigstes, sein unverzeihlichstes Verbrechen. Valmont wäre ohne Schuld, wenn er im Zwange der Leidenschaft agierte. Verurteilenswert ist er nur, weil er nichts tut, ohne es vorher peinlichst genau zu bedenken.

B.-H. L. Das stimmt. Sie fragten mich nach dem »Warum«. Nach den Beweggründen des Don Juan. was er sich dabei denkt? worauf er immer rechnet? Da gibt es eine ganz einfache Erklärung: die Neugier. Sie erwähnten vorhin die »Monotonie«. Und das stimmt – Cohen hat recht –: es gibt nichts Eintönigeres als das Szenario einer Verführung. Aber Vorsicht! Da ist noch all das andere! Das, was danach kommt! Und ich bitte Sie um Verzeihung, wenn ich ein wenig zu »direkt« werde – aber ich glaube nicht, glaube absolut nicht, daß das, was danach kommt, auch nur andeutungsweise monoton sein könnte …

F. G. Nein?

B.-H. L. Im Gegenteil! Das ist der Inbegriff der Vielfalt … Totale Pluralität … Es gibt keine zwei Frauen auf der Welt – und, wie ich vermute, auch keine zwei Männer –, deren Sinnlichkeit identisch wäre … Jedesmal gilt es einen neuen Code zu entschlüsseln … Die Erregung ist eine andere … Die Liebkosungen haben andere Nuancen, daher berühren sie zutiefst … Wie konnte man nur so etwas Absurdes sagen, Erotik sei das Reich des Einförmigen, des Gleichartigen!? Und Ihr Don Juan ist jemand, der darauf neugierig ist. Seine Neugier ist unstillbar – weil eben die Realität unendlich unterschiedlich und kontrastreich ist! Einen *neuen* Körper, eine *neue* Stimme, *neue* Gesten bei einer Frau zu entdecken – welch ein Abenteuer!

F. G. Ich stelle die Frage noch einmal anders. Ist es nicht erstaunlich, daß man in einer Zeit, wo es kaum mehr moralische Schranken gibt, kaum mehr »Festungen«, die früher als uneinnehmbar galten, überhaupt noch Geschmack daran findet, sie einzureißen? Man braucht nur einigermaßen gut auszusehen, doch besondere Talente oder Tricks sind nicht vonnöten.

B.-H. L. »Einigermaßen gut auszusehen« …, da fällt mir wieder Stendhal ein: »Mit Schönheit gewinnt man vierzehn Tage.«

F. G. Stammt das von Stendhal? Ich hätte eher auf Talleyrand getippt. Unwichtig …

B.-H. L. Das bedeutet jedenfalls, daß gutes Aussehen, Charme und Auftreten nur eine ganz kleine Rolle spielen.

F. G. Was spielt denn dann eine Rolle? Nur ein paar Fertigkeiten, über die alle Frauenliebhaber verfügen?

B.-H. L. Da bin ich mir auch nicht so sicher. Ich weiß zwar, daß die Männer dies behaupten. Untereinander. Auch in Gesellschaft. Wenn man sie hört, kann man alle Frauen kriegen, scharenweise fallen sie einem in den Schoß. Na gut. Ich werde Sie vielleicht enttäuschen, aber mein Eindruck ist, daß dieses Völkchen sich gewaltig aufbläst und die Dinge doch ein ganz klein wenig komplizierter sind.

F. G. Und warum?

B.-H. L. Auf der einen Seite haben wir natürlich eine Vielzahl von Frauen, die nicht wirklich geliebt, kaum oder gar nicht begehrt werden; und wenn man's da ein wenig drauf anlegt, wenn man da die passenden »Zaubertricks« anwendet, sind sie häufig entgegenkommender, als es a priori aussieht. Aber Vorsicht! Gewisse Formen sind vonnöten! Bestimmte Mittel auch! Und Tricks! Denn nur Dummköpfe oder Prahler sind überzeugt, die Frauen warteten nur auf die erstbeste Gelegenheit, um ihnen ins Netz zu gehen. Mit anderen Worten: ich bin nicht einverstanden mit den »paar Fertigkeiten, über die alle Frauenliebhaber verfügen« ...

F. G. Es bedarf also *großer* Fertigkeiten ... Ich bin hartnäckig: Über welche Waffen und Verführungsstrategien verfügen die Männer? Erinnern Sie sich an Henry Bernstein? Ein zu Beginn unseres Jahrhunderts berühmter Dramatiker, ein großer »Frauenheld« vor dem Herrn. Er behauptete, keine Frau könne widerstehen, wenn man ihr nur täglich einen Korb Blumen schicke ... Und seine Taktik hatte offenbar Erfolg ... Kostspielig, aber wirkungsvoll! Haben Sie das schon einmal ausprobiert? Man kann natürlich auch Bücher schicken, schwierigere Lektüre, womit man gleich beweist, daß man der Frau zutraut, sie zu würdigen. Was gibt's denn sonst noch?

B.-H. L. Die beste aller Strategien − wenn man das überhaupt Strategie nennen soll − ist immer noch die, daß man »sie« von sich erzählen läßt. »Erzählen Sie ... Erzählen Sie weiter ... Ihr Fall ist so einzigartig ... Sie sind für mich so interessant ...« Ich habe in der Tat häufig beobachtet, daß die geschicktesten Verführer diejenigen sind, die dieses Gefühl vermitteln − daß es auf der ganzen

Welt nichts Spannenderes gebe als das Leben, die Gemütsregungen, die Seelenzustände und Vorlieben jener Person, der sie gerade nachstellten ... Aber ist das wirklich Strategie? Bluffen die Männer nicht auch da ganz gewaltig, wenn sie das Strategie nennen?

F. G. Sie kann ja unbewußt sein ... Nicht vorbedacht ... Aber Strategie ist doch immer im Spiel, wenn man etwas erobern will ... Nehmen wir noch einmal Valmont. Wir sagten doch vorhin, er sei die personifizierte Strategie!

B.-H. L. Die Frauen gehen zu denen, von denen sie begehrt werden, so einfach ist das! Wieviel Begehren wird nur geheuchelt! Wie schal ist es oft! Wie viele Männer gibt es, für die ihre Geschäfte, die Macht, der Lauf der Welt, ihr eigenes Los ganz offensichtlich wichtiger sind als das Vergnügen an einer Eroberung und die Wonne, wenn die Beute schließlich erobert ist! Das haben wir seit Anbeginn unserer Gespräche schon mehrmals festgestellt. Die Welt teilt sich, übrigens sehr ungleich gewichtet, in jene, die die Frauen lieben, und jene, die nur so tun. Die Betroffenen wissen das, nicht wahr? Sie spüren es sofort. Und dann ist es doch ganz natürlich, daß sie ersteren nachgeben. Strategie kommt erst später, wie der Troß ...

F. G. Gewiß. Und da Verführung beidseitig wirkt, möchte ich hinzufügen, daß es auch nicht schlecht ist, die Männer zu lieben, um ihnen zu gefallen. Aber auch das ist nicht allzu verbreitet ...

B.-H. L. Genau. Wollen wir jetzt über die Frauen sprechen? über die Fertigkeiten der Frauen? Sofern man da überhaupt unterscheiden kann und es da zwei unterschiedliche »Trickkisten« gibt: Männer zu verführen, Frauen zu verführen ...

F. G. Diese Fertigkeiten sind vielfältig. Unzählige Elemente spielen mit, wenn man verführen will. Der natürliche Charme selbstverständlich als erstes, aber mehr noch die Art, wie er ausgespielt wird. Die Komödie der Schamhaftigkeit oder der Schamlosigkeit, die zurückhaltende oder die draufgängerische Schönheit, auch die Kleidung spielt eine Rolle ... Die Männer von heute werden durch die Kleidung, die gerade Mode ist, weiß Gott nicht aufgewertet, sie ist wenig schmeichelhaft. Höchstens die Jeans, wer sie tragen kann ... Aber die Frauen verfügten noch nie über ein so weit gefächertes Angebot an verführerischen Kleidungsstücken, je nachdem, was sie zeigen oder kaschieren möchten. Diese superkurzen Röcke – fast unmöglich, der Versuchung zu widerstehen, sich da vorzutasten; diese schier endlos langen Beine, die kaum verhüllten Brüste, diese hautengen Hosen, diese Etuis, die sich Kleider nennen, die jeden Zoll des Körpers nachmodellieren ... Zu keiner Zeit war das weibliche Kleidungsstück provokanter, höchstens – vielleicht, und nur ganz kurz – unter dem Directoire ... Und der Frau macht es Vergnügen, dieses Spiel der Verführung durch die Kleidung. Zum Altern gehört ja auch die betrübliche Feststellung, daß man sich nur noch anzieht, um den Körper zu bedecken.

B.-H. L. Ist das wirklich eine Frage des Alters? Mich hat die Eleganz der Frauen schon immer fasziniert ... Aller Frauen ... Und ich finde sie immer noch verteufelt verführerisch. Aber gut: darüber zu reden, sind Sie weit eher befugt als ich.

F. G. Als nächstes muß man natürlich das Make-up nennen. Es gehört nämlich auch zum Verführungsspiel ... Seit eh und je übrigens ... Es ist doch interessant, nicht wahr, daß die Frauen seit Urväterzeiten, seit den Ägyptern, sich geschminkt haben? Das muß einen tieferen Grund haben …

B.-H. L. »Das Tiefste ist die Haut«, sagt Valéry.

F. G. Ja, aber geschminkt! Die geschminkte, mit Zeichen versehene Haut. Das lehren uns die ältesten Kulturen.

B.-H. L. Ich habe lange Zeit vorbehaltlos für das Schminken plädiert. Eine ungeschminkte Frau hatte für mich etwas Vulgäres. Und Make-up galt mir als ein Zeichen höherer Bildung.

F. G. Bei Baudelaire finden sich sehr schöne Bemerkungen über das Schminken …

B.-H. L. O ja! Das ist sogar einer seiner besten »theoretischen« Texte.

F. G. Das Verbrechen Ludwigs XV.: daß er von seinen Mätressen bäuerliche Frische verlangte, ihnen jegliche Schminke verwehrte.

B.-H. L. Der Stolz der Frauen: daß sie durch den Trick des Schminkens die Schönheit »festigen« und »vergöttlichen«, »sich der Statue nähern, daß heißt, einem göttlichen und höheren Wesen«.

F. G. Schminken als Kunstgriff …

B.-H. L. Als Ablehnung des Natürlichen …

F. G. Arme George Sand! Baudelaires Hauptvorwurf: daß sie sich nicht schminkte!

B.-H. L. Und damit der Natur und der Erbsünde nahe war, zu nahe.

F. G. Das abstoßende »Weib Sand« …

B.-H. L. Der Grundgedanke ist der: ein Körper ist nur »akzeptabel«, wenn er »bearbeitet«, kultiviert wurde. Auf der einen Seite ist da der Körper als natürliches Objekt – und der ist hassenswert. Auf der anderen der Körper als kulturelles Artefakt – und der ist anbetungswürdig.

F. G. Wieder einmal Bataille: Mann oder Frau sind nur in dem Maße schön, wie der Kunstgriff, das heißt die Schminke, sie der Animalität entreißt.

B.-H. L. Kurzum, was das Prinzip anbetrifft, bin ich damit natürlich einverstanden. Da kann man ja nur zustimmen.

F. G. Natürlich.

B.-H. L. Aber eine Frage bleibt doch offen, die ich mir schließlich auch gestellt habe. Verleiht die Schminke einem Gesicht mehr Sinn, mehr Ausdruck? Oder nimmt sie ihm im Gegenteil etwas weg? Macht sie es ausdrucksärmer?

F. G. Ich wäre versucht, zu erwidern, sie kaschiere Emotion.

B.-H. L. Das denke ich letztlich auch. Aber Baudelaire ist genau gegenteiliger Ansicht.

F. G. Doch manche Züge hebt sie hervor. Den Blick zum Beispiel, der ja so wichtig ist in einem Gesicht … Oder den blutroten Mund … Und erst das Blitzen der Zähne … Wichtig, das strahlende Lächeln!

B.-H. L. Das läuft auf dasselbe hinaus. Weil durch das Schminken bestimmte Züge hervorgehoben werden, treten andere in den Schatten, und das Gesicht wird simplifiziert, karikiert. Eintöniger … Weniger rätselhaft … Ja, das ist's … Ich komme mir richtig komisch vor, wenn ich mich so reden höre, da ich doch ein Baudelaire-Fanatiker war. Doch inzwischen bin ich der Meinung, daß zu kunstvolles Schminken einem Gesicht das Rätselhafte, das Vieldeutige nimmt …

F. G. Das Verführerische also schmälert.

B.-H. L. Das Verführerische mindert.

F. G. Obwohl man ebenso sagen könnte, ein wild geschminktes Gesicht zeige, wie sexy man ist.

B.-H. L. Das würde mir an sich nicht mißfallen. Doch auch in diesem Punkt finde ich, daß die Zurschaustellung häufig zu kraß ist, des Charmes entbehrt. Ein fast »nacktes« Gesicht ist sprechender und folglich sinnlicher.

F. G. Sagen wir, übertriebenes Make-up macht die Physiognomie starr, maskenhaft.

B.-H. L. Nehmen wir das Kino. Eisensteins Theorie: Je nackter ein Gesicht, desto eher übermittelt es Zeichen, Sinnfälligkeiten.

F. G. Das stimmt. Man kann sich kaum Schöneres denken als die Gesichter im *Panzerkreuzer Potemkin*. Oder die Gesichter bei Dreyer.

B.-H. L. Das größte Raffinement besteht vermutlich darin, wenn Make-up Natürlichkeit nicht auslöscht, sondern simuliert ...

F. G. Wenn man's nicht sieht ...

B.-H. L. Das ist im übrigen auch der Grund, warum mir nichts widerlicher ist, als wenn ich mit ansehen muß, wie eine Frau sich in der Öffentlichkeit, nach einem Diner zum Beispiel, nachpudert. Das ist zu plakativ. Und daher zu obszön. In *Mrs. Dalloway* von Virginia Woolf kommt eine solche Szene vor.

F. G. Ja, nur daß Virginia Woolf diese Art Exhibitionismus gutheißt. In dieser Kühnheit sieht sie den Kern der Weiblichkeit.

B.-H. L. Das stimmt.

F. G. Etwas anderes kommt noch hinzu. So amüsant Make-up auf einem jugendlichen Gesicht sein kann, so kleisterhaft kann es wirken, wenn die Frische dahin ist. Denn dann unterstreicht es das Alter ...

B.-H. L. Die Szene aus *Tod in Venedig*, wo Aschenbach, kurz vor seinem Tod, sich zum letzten Mal von seinem Friseur schminken läßt.

F. G. Und dieses grausame Porträt der zu stark geschminkten

Frauen in *Die Welt der Guermantes*: Puderschichten liegen wie Gips auf dem Gesicht, so daß es aussieht wie aus Stein.

B.-H. L. Die Frauen sollten überhaupt häufiger Proust lesen.

F. G. Sobald man in die Jahre kommt, muß man mit leichter Hand agieren. Nur die Schattierungen bewahren ... Die sanften Schatten ...

B.-H. L. Raffinierteste Strategie ...

F. G. Das hübscheste Beispiel für weibliche Strategie ist immer noch der Ratschlag Jean Giraudoux' ... In *L'Apollon de Bellac*, entsinnen Sie sich? Agnès sagt, sie liebe die Männer, ihren Hundeblick, ihre Behaarung, ihre großen Füße, habe aber auch Angst vor ihnen. Und Monsieur de Bellac erwidert ihr: »Würde es Ihnen Spaß machen, sie an der Leine zu führen? Da gibt es nur ein Rezept, aber es ist unfehlbar. Sagen Sie ihnen, sie seien schön.« – »Ich soll ihnen sagen, sie seien schön, intelligent, sensibel?« fragt Agnès. – »Nein. Nur daß sie schön sind. Mit Intelligenz und Herz kommen sie allein zurecht.« Man sagt es den Männern nie oft genug, daß sie schön sind, vor allem, wenn sie es nicht wirklich sind.

B.-H. L. Das gilt aber doch nicht nur für Männer. Ich habe *Aracoeli* von Elsa Morante mitgebracht. Hören Sie: »Jedes Wesen auf dieser Erde bietet sich an. Pathetisch, unschuldig bietet es sich an: ›Ich bin geboren! Hier habt ihr mich, mit diesem Gesicht, diesem Körper und diesem Geruch.‹ ... Von Napoleon bis zu Lenin und Stalin, vom letzten Straßenmädchen, vom mongoloiden Kind bis zu Greta Garbo, von Picasso bis zum streunenden Hund ist das in Wirklichkeit die einzige beständige Frage jedes Lebewesens an die anderen: ›Findet ihr mich schön?‹«

F. G. Die begabteste Verführerin ihrer Epoche war Alma Mahler mit ihrer höchstpersönlichen Technik: sie schätzte sich selbst sehr hoch ein und sagte zu den Männern: Sobald ihr einer Frau wie mir gefallt, seid ihr automatisch ein Ausnahmewesen. Die Männer liebten sie. Sie nahm sie aufs Korn.

B.-H. L. Ich kenne eine Frau von heute, die ihr ähnelt. Doch, gewiß doch, nicht ganz so gewitzt, aber ähnlich ... Ich werde Ihnen sagen, wen ich meine, aber erst, wenn das Tonband ausgeschaltet ist ... Übertreibung gehört immer zur Verführung. Gehört zum Spiel. Beinahe hätte ich gesagt: zum Ritual. Und dieses Ritual ist prinzipiell unbegrenzt ...

F. G. Es endet aber doch, wenn die Eroberung gelungen ist. Oder mißlungen.

B.-H. L. Interessant wird das Spiel, wenn beide mitspielen. Das ist übrigens der große Unterschied zu den Spielarten der Liebe. Man kann allein dastehen mit seiner Liebe. Keine Gegenliebe finden. Zumindest sagten Sie das, nicht wahr? Haben Sie sich da dieser großen und schrecklichen Idee Prousts angeschlossen? Wie dem auch sei, von der Verführung kann man das unmöglich sagen ... Undenkbar! ... Verführen ohne Echo, verführen ohne Schlagabtausch oder Duell, verführen ohne ein Gegenüber, das einen auch verführt, das hat schlicht und einfach keinen Sinn ...

F. G. Sie wollen sagen, Verführerin und Verführer sind jeweils Gefangene des anderen? jeder wirft dem anderen einen Brocken hin? Das glaube ich auch. Aber ist man, Ihrer Meinung nach, Verführer ... fast möchte ich sagen: von Natur, weil man seinen Charme einfach ausspielen, seine Macht erproben muß, oder wählt man sich von Zeit zu

Zeit ein Opfer oder, wenn Sie wollen, einen Spielpartner bzw. -partnerin?

B.-H. L. Es gibt Verführer-Temperamente. Solche, die fast sagen könnten: »Ich verführe, also bin ich«; oder umgekehrt: »Ich wirke nicht mehr verführerisch, also bin ich wie tot, wie zunichte gemacht.« Nehmen Sie Kierkegaards Verführer. Der sagt so etwas.

F. G. Ein komischer Verführer, dieser Kierkegaard, ganz nebenbei bemerkt ...

B.-H. L. Der Anti-Valmont. In Johannes ist eine »spirituelle« Dimension, die wir bei Valmont nicht hatten.

F. G. All seine Verführungsmanöver laufen eher auf Ästhetik als auf Erotik hinaus. Das sagt er auch. Wenn ich mich recht erinnere, heißt es da: »Ich bin ein Ästhetiker.«

B.-H. L. Bemerkenswert im *Tagebuch des Verführers* ist die Idee eines Verführungsprozesses, an dessen Endpunkt die völlige Kontrolle über das begehrte Wesen steht. Für gewöhnlich manövrieren Verführer. Belagern die geliebte Frau. Reißen ihre letzten Verteidigungsmauern ein. Kurz: da haben wir das ganze Kriegsvokabular, von dem wir neulich schon sprachen. Kierkegaard jedoch geht noch viel weiter, sein Ziel ist es, die eroberte Seele zu beherrschen, zu besetzen. Er lenkt ihre Gedanken, steuert ihre Gefühle. Er gibt ihr Liebe, Haß oder abermals Liebe ein. Er stachelt sie an zu erneutem Widerstand, läßt Scham aufwallen. Träufelt mal charmante, mal lächerliche Kühnheit in ihr Herz. Mit anderen Worten: er hat es in Wahrheit nicht darauf abgesehen, ihren Körper zu besitzen; will sich auch nicht zum Herrn über ihr Begehren machen; er legt alles darauf an, daß keine ihrer Gemütsbewegungen seiner Kontrolle entgleitet. Die griechischen Despoten gaben, wie Sie wissen, klein bei vor der Geometrie. Die modernen totalitären Machthaber werden vor dem Geheimnis der Seele haltmachen. Der Verführer – nach Kierkegaard – kennt keine Schranken bei seiner Herrschsucht. Er ist der perfekte Tyrann. Ich habe den Text auch nicht mehr präsent. Aber auch dies unterscheidet ihn von einem Valmont.

F. G. Sie haben mir meine Frage nicht beantwortet: Ist man von Natur aus, durch Bestimmung ein Verführer?

B.-H. L. Doch, ich habe Ihnen geantwortet ...

F. G. Ich glaube nicht ...

B.-H. L. Dann lassen Sie mich ein Beispiel nennen.

F. G. Welches?

B.-H. L. Sie sind's. Dürfen wir einen Moment von Ihnen sprechen?

F. G. Mir liegt nichts daran, aber ...

B.-H. L. Ich erinnere mich noch sehr gut an unser erstes Zusammentreffen. Es war vor ungefähr zwanzig Jahren, im Marais, in der Wohnung eines Schriftstellers, der wohl mit uns beiden befreundet war. Ich hatte gerade eine Zeitung gegründet, die *L'Imprévu* hieß. Eine Tageszeitung, die aber nur ein paar Nummern erleben sollte. Zu dem Zeitpunkt aber gab es sie. Und ich hatte mit Michel Butel gerade einen Leitartikel über Sie verfaßt. Damals dürften Sie Ministerin für was-weiß-ich gewesen sein. Für Frauenfragen, vermutlich ... oder Kultur ...

F. G. Ich erinnere mich schemenhaft an dieses Abendessen. Was ich noch vor mir sehe, das sind die prachtvollen italienischen Fußbodenfliesen ...

B.-H. L. Ich hatte also diesen Leitartikel geschrieben. Und mein Schlußsatz lautete, das weiß ich noch sehr gut: »Françoise Giroud, oder das süße Leben vor der Revolution.« Damals war ich ganz schön ultra-links. Glaubte ein bißchen

an die Revolution. Vorher wollte ich aber noch ein bißchen süßes Leben. Kurzum: unser gemeinsamer Freund
hatte den Leitartikel gelesen und sich gedacht: Die beiden muß ich doch mal zusammenbringen. Und da saßen
Sie nun. Warum erzähle ich Ihnen das eigentlich? Ach
ja ... Ob es Verführer-Temperamente gibt ... Darauf will
ich hinaus: Sie waren ein solches! Ganz eindeutig! Offenkundig! Wie ich Sie von jenem Abend in Erinnerung
habe, waren Sie der Inbegriff der Verführerin. Das spiel-
te in Ihrem Lächeln. In Ihrem Blick. Wie Sie gespannt
auf jede Geste achteten (Ihre eigenen, aber auch die der
anderen). Sie kokettierten. Spielten auf der ganzen un-
endlichen Skala des Kokettierens. Und dann immer wieder, unvermittelt, wandten Sie sich Ihrem Partner zu,
rückten näher an ihn heran, als wollten Sie ihn beruhi-
gen, als wollten Sie dementieren, was dieses verführerische Spiel bedeuten konnte ..., hätte bedeuten können.
Das alles ist mir noch äußerst präsent. Genauso präsent
wie mein Fazit, als wir uns verabschiedeten: »zu kokett,
um eine echte politische Karriere zu machen.«

F. G. Das also hat mich gerettet! Was für ein Martyrium, eine
politische Karriere! Das hat mich nie verlockt, weil ich
spürte, daß ich für das Politikerleben, das sehr spezielle
Talente erfordert, keine Begabung habe. Aber Sie haben
recht: Koketterie und Verführungskunst sind für eine Frau
hinderlich im politischen Leben. Will sie darin überleben,
muß sie mütterlich und somit beruhigend wirken, aber um
Gottes willen nicht verführerisch! Wie man Michèle
Barzach das büßen ließ, haben wir ja miterlebt ...

B.-H. L. Damals dachte ich, im Verführerischen liege auch etwas
Diabolisches und ... Das »dachte« ist im übrigen falsch,
in gewisser Weise glaube ich es nämlich noch immer ...

F. G. Spielt der Teufel da mit? Man kann es bei sich selbst ja überhaupt nicht einschätzen, wie verführerisch man wirkt, welche Waffen man benutzt, wie man sie einsetzt … An jenem Abend, den Sie hier heraufbeschwören …, da war ich ja schon keine junge Frau mehr. Aber ich wußte mich geliebt von dem Mann, der bei mir war, und nichts macht ein Gesicht strahlender. Habe ich wirklich eine große Charme-Nummer abgezogen? Es wird wohl stimmen, da Sie es sagen. Aber es dürfte ganz spontan gewesen sein, weil Sie ein attraktiver, lebenssprühender junger Mann waren, dessen Aufmerksamkeit zu fesseln amüsant war. Mit welchem Hintergedanken? Einfach so! Weil es Spaß macht! Es macht ja Spaß, und wenn's nur ein flüchtiger Augenblick ist, den anderen mit Charme zu fesseln. Ich gebe zu, daß mir dies mein Leben lang Spaß gemacht hat. Ihnen doch wohl auch, wie mir scheint, oder?

B.-H. L. Der Spaß des Bezauberns. Des Verführens ohne Hintergedanken. Das heißt im Grunde, Verführen um des Verführens willen. Eine Frau wird manchmal als »Allumeuse« abgestempelt (für den Mann könnte das auch gelten, aber da zögert man, wie gewöhnlich). Dieses Wort enthält, wie jeder weiß, etwas Abwertendes. Wohingegen ich glaube, daß wir hier – auf solche Frauen oder Männer bezogen – dem Kern der Verführung am nächsten kommen.

F. G. »Allumeuse«, das klingt ordinär … Da denkt jeder gleich an Sex, an Provokation. Eine charmante Person, ein Charmeur …, das sind hübsche Worte, die viel subtilere Verhaltensformen evozieren. Sich anbieten *und* sich entziehen. Sich hingeben *und* sich verweigern. Eine kuriose Mischung von Gelöstheit *und* Reserviertheit.

B.-H. L. Ja, ein anderes Verlangen ... Ein anderes Spiel ... Die nicht unbedingt mit denen der Erotik übereinstimmen ... Sie fragten mich, ob auch ich Spaß daran fände, jemand anderen mit Charme zu fesseln ... Die echten Verführer lieben dieses Spiel, das ist klar. Sie können Spaß an Erotik haben und gleichzeitig, ohne daß diese beiden Dinge unbedingt zusammenwirken, Spaß an solch kunstvollem Täuschungsmanöver.

F. G. Gibt es einen Männer- oder Frauentyp, der dazu verlockt, mit ihm »Verführung zu spielen«? Oder gehen die Charmeure »einfach ran«, ohne eine Unterscheidung zu treffen? nur um sich zu vergewissern, daß es »funktioniert«?

B.-H. L. Ich kann nur wiederholen, was ich schon sagte. Liebe bemächtigt sich eines Objekts. Eines beliebigen Objekts. Sie erwählt es zum »Liebesobjekt«, ohne daß es dafür unbedingt einen »objektiven« Grund gibt. Das ist ein Abenteuer, das man, anders ausgedrückt, für sich allein gestalten kann. Wohingegen Verführung ein Spiel ist, das man zu zweit spielt. Und das man folglich nur mit bestimmten Partnern spielen kann. Woran erkennt man sie, die geeigneten Partner? Man traut ihnen Phantasie zu ... Spaß am Spiel ... Spaß, ja sogar Kompetenz in bezug auf die Verführungsrituale ... Verführer und Verführerin erkennen einander mit sicherem Instinkt.

F. G. Noch eine Frage: Vermag ein Mann sich länger als fünf Minuten für eine absolut nicht verführerische Frau zu interessieren? Sie kennen den schrecklichen Satz von Jules Renard: »Wie man's auch anstellt, bis zu einem gewissen Alter – und ich weiß nicht, bis zu welchem – macht es überhaupt kein Vergnügen, mit einer Frau zu plaudern, die man nicht gern als Geliebte hätte.« Das riecht doch arg nach 19. Jahrhundert! Konversation mit Damen …, hab ich nicht recht? Aber würden Sie den Satz immer noch für aktuell halten?

B.-H. L. Ich muß vor allem sagen, daß es mir verteufelt schwerfällt, mich länger als fünf Minuten für ein absolut nicht verführerisches Wesen, ob Mann oder Frau, zu interessieren.

F. G. Jules Renard meint keine vage, allgemeine, diffuse verführerische Ausstrahlung, auch nicht das Verführerische, das von Herz oder Geist ausgehen könnte. Er sagt: eine Frau, die ich nicht gern als Geliebte hätte … Wie man das heute ausdrücken würde, brauche ich Ihnen nicht zu sagen.

B.-H. L. Das habe ich meines Erachtens doch schon beantwortet. Das ist mies. Ordinär, alles, was Sie wollen. Aber ich glaube ja auch nicht an Freundschaft zwischen Mann und Frau, und wenn da gar nichts Zweideutiges ist, scheint auch mir jede Beziehung – wie soll ich es bloß ausdrücken? – nutzlos, sinnlos. Zu meiner Entlastung füge ich noch hinzu (aber auch das habe ich schon gesagt), daß ich mir durchaus vorstellen kann, eine Frau, die nicht hübsch ist, äußerst heftig zu begehren.

F. G. Eine noch zweideutigere Situation haben wir außer acht gelassen; die Situation des Mannes, der eine Frau mit allen Mitteln zu verführen sucht, nur weil sie die Geliebte eines Mannes ist, von dem er fasziniert ist und dessen Platz er in gewisser Weise einnehmen möchte.

B.-H. L. So vieldeutig ist das gar nicht. Auch nicht so außergewöhnlich …

F. G. Nein?

B.-H. L. Das ist die ganze Theorie (von der wir meines Erachtens auch schon gesprochen haben) vom mimetischen Begehren, von Dreiecksverhältnissen usw. Wenn man Begehren so definiert, wenn es sich so steuern läßt, dann gehört ein Dritter fast unausweichlich dazu. Ich erinnere mich, vor einigen Jahren einen Artikel veröffentlicht zu haben, der den Titel trug: »Man hat immer einen Dritten mit im Bett.« Man war leicht schockiert. Dabei war das doch sonnenklar. Und ob dieser Dritte nun ein Mann ist, der den Mann fasziniert (oder eine Frau, die die Frau fasziniert) – immer ist es nur eine irgendwie simple Variante dieser unwandelbaren allgemeinen Struktur.

F. G. Und den Gegenstand der Liebe? Wählt man den nach bekanntem Muster? Mit anderen Worten: hat man einen »bestimmten Typ Frau« oder einen »bestimmten Typ Mann«, der einen sofort vibrieren läßt? Jeder kennt den berühmten Satz von Swann: »Wenn ich denke, daß ich mir Jahre meines Lebens verdorben habe, daß ich sterben wollte, daß ich meine größte Leidenschaft erlebt habe, alles wegen einer Frau, die mir nicht gefiel, die nicht mein Genre war.« Das ist doch immerhin außergewöhnlich, wie mir scheint.

B.-H. L. Wohingegen die alternde Odette genau das Gegenteil sagt: »Der arme Charles, er war so intelligent, so bezaubernd, genau der Typ Mann, der mir gefiel.«

F. G. Aber Odette hat Swann nicht geliebt.

B.-H. L. Sie sagten, es sei außergewöhnlich. Darf ich Sie daran erinnern, daß auch Aragons Roman *Aurélien* mit einem solchen Satz beginnt: »Als Aurélien Bérénice zum erstenmal sah, fand er sie schlichtweg häßlich.«

F. G. Man kann eine Häßliche begehren, das sagten wir bereits.

B.-H. L. Sowohl Proust als auch Aragon lehren uns, daß das Begehren immer unvermutet ist. Die Menschen glauben, auf einen Typ fixiert zu sein. Auf den lauern sie. Den erwarten Sie. In ihrem Inneren und außerhalb registrieren sie alle Anzeichen für eine eventuelle leidenschaftliche Liebe, als sei sie ihnen verheißen worden. Sie sagen sich: »Mein Leben lang wird es nur winzige Abweichungen geben von dem mir vorbestimmten Typ.« Und genau das stimmt nicht. So läuft es nicht. Begehren stellt sich ein, das schon. Aber es kommt vom anderen Ende her. Andersherum.

F. G. Haben Sie diese Erfahrung schon gemacht? Anders ausgedrückt: sind Sie einem bestimmten Frauentyp treu geblieben, oder haben Sie sich eher »das Neue« herausgepickt?

B.-H. L. Ich hätte Mühe, Ihnen zu sagen, was die Frauen, die ich geliebt habe, eint. Äußerlich derselbe Typ? Bestimmt nicht. Eine Weltanschauung? Erst recht nicht. Ein Teil meines Ich, immer derselbe, den alle angesprochen hätten? Auch nicht. Wirklich nicht. Im Gegenteil: es war unterschiedlich. Vielfältig. Bis zu der Frau, mit der ich jetzt zusammenlebe, die ich liebe wie keine andere und von der ich anfangs auch gedacht hatte: »Sie ist eindeutig nicht mein Typ ...«

F. G. Wie ist denn nun Ihr Typ?

B.-H. L. Und Ihrer? Haben Sie einen? Haben Sie keinen? Situation Swann? Nicht Swann?

F. G. Es ist komplizierter. Als erstes nenne ich das äußere Erscheinungsbild, auf das ich vermutlich außerordentlich stark reagiere. Es gibt Männer, die auf andere reizvoll wirken können, die es sicher auch sind, aber gegen deren Äußeres ich mich heftig sträube. Vor denen ich mich einigele. Ein tieferer Beweggrund oder Anziehungspunkt ist dann etwas, das ich in der Tat bei allen Männern, die ich geliebt habe, wiederfinde: meine psychische Verfassung in ihrer Gegenwart ... Stendhal sagt: »Die Liebe findet bei der ersten Begegnung im Gesichtsausdruck des Mannes gerne etwas, das zugleich Achtung einflößt und Mitgefühl erregt.« Das scheint mir subtil und richtig, zumindest was mich betrifft. Damit ist zwar nicht exakt ein bestimmter Typ Mann definiert, aber immerhin eine Konstante ...

B.-H. L. Proust sagt eigentlich zwei Dinge. Das erste interessiert mich nur mäßig: bei Frauen, die »nicht unser Genre« sind, weiß man nicht, worauf sie hinauswollen; man geht nicht in Deckung; und dann nisten sie sich in unser Leben ein; breiten sich in aller Muße darin aus; und schaffen es schließlich, daß man sie liebt. Aber da ist diese zweite These, die ich für viel wahrer halte: *ich glaube, daß sie nicht mein Typ ist; ich habe den Eindruck, daß sie nicht mit mir harmoniert; während sie in Wirklichkeit bestens zu einem paßt; Harmonie aus der Tiefe kommt; doch aus so extremer Tiefe, daß es fast unmöglich war, es auf den ersten Blick zu erkennen –* steckt im Rätsel meiner Liebe zu Odette nicht ihre Ähnlichkeit mit einem Botticelli? und hätte ich sie ebenso geliebt, wenn sie an einen Rubens erinnert hätte? Er sagt damit, anders ausgedrückt, die Frauen, die man liebt, sind immer unser Typ. Selbst wenn das mit bloßem Auge nicht gleich zu erkennen ist ...

F. G. Na, da harmoniere ich ja wieder einmal mit Proust! Selbst wenn das Leben lang ist und man zu gewissen Zeiten durchaus mal abrücken kann von seinem »Genre«. Aber dann entsteht keine leidenschaftliche Liebe. Keine Liebe, die einen überwältigt.

B.-H. L. Kurios, diese Sache mit Proust.

F. G. Wie meinen Sie das?

B.-H. L. Das hat jetzt nichts mit diesem Passus zu tun. Aber als ich Sie so hörte, dachte ich bei mir: Es ist doch eigentlich erstaunlich, daß nicht nur Sie und ich, sondern alle, die über die Liebe nachdenken, sich immer wieder auf Proust beziehen. Er dachte doch, die wesentlichen Passagen in seiner *Verlorenen Zeit* seien die über die Dreyfus-Affäre ... Oder daß er als einer der Chronisten dieses Paris der Plaine Monceau, das ihn so faszinierte, überleben würde ... Oder wegen seiner Ausführungen zur Malerei ... Oder zur Literatur ... Oder zur Kritik ... Aber nein! Die Liebe bekam Vorrang! Dieser Einzelgänger, dieser Homosexuelle, dieser Mann, von dessen doch eher ... unkonventionellen Gewohnheiten uns Léon Pierre Quint erzählt, wird letztlich hochstilisiert zum großen Theoretiker der Liebesbeziehungen zwischen Mann und Frau ...

F. G. Warum nicht? »Die Liebe von Zigeunern stammt, fragt nach Gesetzen nicht, nach Recht und Macht«, wie in *Carmen* gesungen wird. Ich glaube nicht, daß es heterosexuelle und homosexuelle Liebe gibt. Es gibt etwas, das Liebe heißt, punktum! Wo der eine immer mehr liebt als der andere, immer eifersüchtiger ist als der andere, immer der Macht des anderen unterliegt. Wo er derjenige ist, der neben dem Telefon wartet, wie Barthes sagt, der davon ja auch eine Menge verstand. Diese Beziehung hat Proust erforscht wie kein zweiter, und es gibt keinerlei Grund zur Annahme, sie sei anders geartet bei homosexuellen Beziehungen.

B.-H. L. Das ist für mich das große Rätsel. Im Gegensatz zu Ihnen erscheint mir das wirklich sehr, sehr mysteriös. Auf der einen Seite tendiere ich zur Annahme, Homosexualität impliziere eine Weltsicht und mit um so größerem Recht eine spezielle Art von Sexualität. Der Körper des anderen ... Der eigene Körper ... Eine Art freigesetzter Fetischismus ... Ähnlichkeit ... Identität ... Kann man sich zum Beispiel vorstellen, der Held in Gides *Uns nährt die Erde* wäre kein Mann? Ist das nicht ein typisch homosexueller Text? Auf der anderen Seite haben wir allerdings Proust – dessen Albertine Agostinelli hieß und der ja bei Gott die Bibel der Verliebten schreibt; und wir haben Barthes mit seinen *Fragmenten*, die, wie jeder weiß, geschlechtsneutral sind; und Gabriel Rossetti, der für seine schönsten Frauengestalten junge Männer als Vorbild nahm; kurz gesagt, es gibt ganz offensichtlich Sinnlichkeit, die in beide Richtungen wirkt ...

F. G. Da ist nichts Fremdartiges beim Partner ... Doch wie erregend, so ein Zwillings-Körper ... Unterschiedlich ist, was sich im Kopf abspielt. Das rein Erotische ist vermutlich anderer Natur. Undurchdringlich für den, der nicht selbst homosexuell ist. Aber die Gefühle – und wie heftig können die sein! – sind dieselben, davon bin ich überzeugt.

B.-H. L. Für Proust jedenfalls gab es da gar keinen Zweifel. Ob Albertine in Wirklichkeit Albert hieß, das war ihm restlos gleichgültig. Wie es ihn auch nicht erstaunt, daß Baron de Charlus bei der Lektüre von Mussets *La Nuit d'octobre* der schönen Treulosen Morels Gesicht aufsetzt.

F. G. Nein. Denn er ist ja der Meinung, daß es zwei Wege gibt, um, wie er sagt, »Zugang zu erhalten zu den Wahrheiten der Liebe«. Und daß diese beiden Wege im wesentlichen nicht unterschiedlich sind.

B.-H. L. Vor kurzem sagte mir ein Freund: Alles ist gleich; die Erwartung – in der Tat; die Eifersucht; das Begehren und die Angst; die Zärtlichkeit und die Gewalt; die mehr oder minder beiderseitige Liebe; die Verführung; ja, alles; aber eine Ausnahme gibt es doch: dieses bei Männern, die die Frauen lieben, so entscheidende Gefühl der Angst (manchmal überlagert von einem geheimen Vergnügen), bei der Geliebten die ersten Spuren des Verblühens zu entdecken. Homos werden miteinander alt. Beinahe hätte ich gesagt: im Gleichschritt. Wohingegen das bei Männern und Frauen, was immer man auch sagen mag, die fundamentale Ungleichheit bleiben wird.

F. G. Ganz im Gegenteil! Die Homosexuellen leiden ganz entsetzlich darunter, wenn sie älter werden, sie lassen sich liften, Implantate machen, wenn die Haare auszufallen beginnen, und was sonst noch alles ... Die Bemerkung Ihres Freundes scheint mir, was diesen Punkt angeht, nicht richtig. Man kann es allgemeiner ausdrücken: die Ungleichheit von Mann und Frau vor dem Alter ist, wenn man darüber nachdenkt, ein purer Skandal ... Ich habe mir immer gedacht, wie schön es doch wäre, wenn die Frauen, sobald der Moment verstrichen ist, wo sie noch begehrenswert wirken – ein variabler und übrigens jetzt viel später anzusetzender Moment –, sich in Männer verwandeln könnten. Statt dessen ... Erinnern Sie sich an die Stelle in Mussets *Les Caprices de Marianne*: »Wie alt sind Sie, Marianne? Achtzehn? Dann bleiben Ihnen noch fünf oder sechs Jahre, um geliebt zu werden, acht bis zehn, um selbst zu lieben, und die übrige Zeit dürfen Sie zu Gott beten ...« Statt dessen, sagte ich, müssen sie aufgrund der verlängerten Lebenserwartungen – o Graus! – noch eine Ewigkeit wie Zombies weiterleben.

10 Über das Paar als Wille und Vorstellung

F. G. Machen wir noch ein bißchen weiter?

B.-H. L. Wir haben noch den ganzen Abend.

F. G. Hat man nicht manchmal den Wunsch, diese Erfahrung, die wir auf den Pfaden der Liebe gesammelt haben – ich mehr als Sie, aber auch Sie in hohem Maße –, möge zumindest von Nutzen gewesen sein? ... Um andere vor dem Straucheln, vor Verletzungen und, was weiß ich, zu bewahren ... Damit sie ab und zu »vierzehn Tage gewinnen« ... Aber ich fürchte, aus der Erfahrung mit der Liebe läßt sich ebensowenig vermitteln wie aus anderen Erfahrungsbereichen. Man geht durch die »Schule des Lebens«, erteilt und erhält »Lehren«. Mich hat das Leben viel gelehrt. Aber was »Liebesbeziehungen« betrifft, da läßt sich meines Erachtens nichts lehren, niemals. Empfinden Sie das auch so?

B.-H. L. O ja. Ich glaube auch, daß man da nichts weitergeben kann. So gut wie nichts ...

F. G. Das denke ich auch.

B.-H. L. Da hat man ja mit sich selbst schon Probleme. Man fängt doch immer wieder von vorne an. Macht hundertmal dieselben Fehler. Man sagt sich: »Dies eine hat mich das Leben gelehrt ... das werde ich bestimmt nicht wieder tun ...« Und was tut man? Man macht es genau so. Immer wieder genau so. Und da soll man andere etwas lehren ...? Wäre es nicht anmaßend, da irgend etwas lehren zu wollen?

F. G. Mir wäre lieber, Sie hätten unrecht, aber leider ...

B.-H. L. Bei Plato steht etwas. Tugend, sagt er, ist nicht lehrbar; schon gar nicht, wenn's um Liebe geht.

F. G. Die Tugend der Liebe, ganz sicher nicht. Aber ein paar Kleinigkeiten vielleicht doch ... Stendhal, zum Beispiel, gibt den Rat: »Man muß einen prosaischen Gatten haben und einen romantischen Liebhaber nehmen.« Ist das zu beherzigen?

B.-H. L. Das scheint mir fraglich ... Wenn man mich fragte, würde ich eher das Gegenteil raten: einen romantischen Gatten und einen prosaischen Liebhaber.

F. G. Oder Freuds Satz, der in etwa besagt: Ein Mann, der an seiner eigenen Liebe zweifelt, kann auch gleich – oder *muß* – an allem anderen zweifeln, das weniger wichtig ist ...

B.-H. L. Das klingt schon besser.

F. G. Oder dieser Spruch, der folgendes besagt: Ich glaube, daß eine Frau, wenn es ihr gelingt, sich der Masse zu entziehen, sich über sich selbst zu erheben, immer erhabener wird, erhabener als der Mann. Was glauben Sie, von wem das stammt?

B.-H. L. Keine Ahnung.

F. G. Das erraten Sie nie! Vom erhabensten aller Weiberfeinde: von Schopenhauer! Dem muß man doch wohl glauben ...

B.-H. L. Ich würde ihm eher mißtrauen. Ich an Ihrer Stelle wäre da mißtrauisch ...

F. G. Oder die berühmte Feststellung Napoleons, »Der einzige Sieg in der Liebe ist die Flucht« ... Würden Sie sich das nicht gern übers Bett hängen?

B.-H. L. Ob gern oder nicht gern ..., wir haben's leider oft genug getan. Aber soll man es deswegen anderen raten ...?

F. G. Nehmen wir einmal an, Ihr bester Freund stelle Ihnen eine zwielichtige und irgendwie »schräge« Kreatur vor und würde sagen: »Ich bin verrückt nach ihr und werde sie heiraten ...« Wenn Sie ihm dann antworten: »Wo hast du denn bloß deine Augen ...?« dann sind Sie auf ewig mit ihm entzweit.

B.-H. L. So etwas würde ich ihm nie sagen. Ich weiß doch viel zu gut, was alles mitspielt bei der Wahl einer geliebten Frau ...

F. G. Jedenfalls ist nichts rätselhafter als die Frage, warum jemand jemanden liebt ... Die Wahl des Partners ist uns doch meist ein Rätsel ...

B.-H. L. Wir verstehen ja nicht einmal unsere eigene Wahl ... Wie soll sie dann anderen nicht rätselhaft erscheinen?

F. G. Ich würde doch eher behaupten, uns ist es sonnenklar, warum wir uns für diesen Menschen entschieden haben. Nur die anderen entdecken manchmal Unstimmigkeiten.

B.-H. L. Da haben Sie recht, man kann sich manchmal wirklich nicht erklären, was den anderen bewogen, was ihn angetrieben hat, seine ganze Leidenschaft gerade auf diese Person zu konzentrieren. Auf diese Frau, die er für eine Heilige hält ... Oder auf jene andere, die vorgibt, ihn zu lieben und ihm doch offensichtlich nur etwas vormacht ... Diese reichen Frauen ... Diese maskierten Kurtisanen ... Die Lügen, die sie ihnen auftischen und die sie so treuherzig schlucken ...

F. G. Die Lügen, die die Frauen ihnen und die sie den Frauen auftischen ..., ich muß doch sehr bitten!

B.-H. L. Ja sicher.

F. G. Muß man es außerdem Lüge nennen? Es ist subtiler, wie mir scheint ... Ist es nicht eher Wichtigtuerei? ... Eine

Art Großspurigkeit? ... Aber es stimmt schon, man kann nie begreifen, daß der andere das nicht erkennt ...

B.-H. L. Wie oft fragt man sich doch: »Was findet er bloß an der? Dieser Mann, der doch sonst so brillant ist, so ein starker Charakter oder was sonst noch alles – wie kommt es nur, daß der sich einwickeln läßt von so einem Weibsbild?«

F. G. Und wie kommt es, daß sie auf so einen Schwätzer, auf so einen Angeber hereinfällt? Das weiß kein Mensch ... Warum kettet man sich an so einen oder so eine, die doch, von außen besehen, so schlecht zu einem paßt und einen ja auch ins Unglück stürzen wird?

B.-H. L. Die Antwort steht bei Proust, *wieder einmal* bei Proust. Bei der Liebe, sagt er, liegt alles »im Kopf« – nichts »im Gegenstand«. Und der große Fehler der Menschen besteht darin, daß sie »in die geliebte Person« hineinprojizieren, was in Wirklichkeit nur der »liebenden Person« eigen ist.

F. G. Das steht in der *Entflohenen*. Die »Materie« der Liebe ist »gleichgültig«. »Gedanklich kann man alles hineinpakken.« Daher das schmerzliche Erwachen. Der geheilte Liebhaber, der hinterher nicht mehr begreift, was ihn eigentlich so gefesselt hat. Was war bloß mit mir los? Was, zum Teufel, hat mich an ihr bloß so gereizt?

B.-H. L. Proust gibt zwei Beispiele. Das eine ist das klassische Modell des »Invertierten«, der »unter der Mütze eines Omnibusschaffners die Schönheit schlechthin hervorholt«, und das andere ist das – noch kuriosere – des Baron de Charlus und seiner »Liebe zu allem, was deutsch ist«, wohingegen er, der Erzähler, Deutschland verabscheut. Liebende, sagt er, sind wie Länder ... Besser gesagt: wie die Politik ... Die Gefühle, die sie einflößen, sind ebenso absurd, ebensowenig vom Verstand begründet wie die Anziehungskraft, die ein Land oder eine politische Meinung ausübt.

F. G. Also ist es besser, gleich darauf zu verzichten, sie verstehen zu wollen ...

B.-H. L. Es sei denn, man strengt sich sehr an und setzt die empfindlichsten Instrumente ein, mit denen es gelingen kann, auch die dunkelsten Zonen der menschlichen Psyche auszuleuchten.

F. G. Zum Glück gibt es auch andere Fälle, Menschen, bei denen sich diese Frage gar nicht erst stellt. Bei denen man sich nicht sagt: »Was findet er bloß an der?«, sondern: »Wie gut sie doch zusammenpassen – was für ein gelungenes Paar!« Davon, von diesen geglückteren Konstellationen, würde ich abschließend gerne noch sprechen.

B.-H. L. Im Grunde gibt es zwei Gruppen. Das wird sehr deutlich bei den Schriftstellern.

F. G. Wieder einmal die Literatur ...

B.-H. L. Natürlich. Auf der einen Seite der – zahlenmäßig geringere – Stamm derer, die »es gut getroffen haben«. Baudelaire und die Duval. Scott Fitzgerald und Zelda.

F. G. Gut getroffen? Glauben Sie wirklich, Scott habe es »gut getroffen« mit Zelda?

B.-H. L. In gewisser Weise, ja. Schauen Sie sich die beiden doch nur an. Man muß doch einfach denken: »Es gab eine Zelda auf unserem Planeten; eine einzige; und Scott war es bestimmt, ihr zu begegnen; er flog auf sie; was, nebenbei bemerkt, wortwörtlich die Definition der ›Femme fatale‹ ist.«

F. G. Und was, ebenfalls nebenbei bemerkt, offensichtlich kein Geschenk des Himmels war.

B.-H. L. Diesen stehen die anderen gegenüber. Die riesige Menge der anderen. All jene, deren Bindungen die Biographen – meist erfolglos – mit großem Eifer zu entschlüsseln suchen. Mallarmé und Madame. Joyce und die arme Nora. Verlaine und die Spießbürgerin, die den Nebenbuhler Rimbaud schließlich ausstechen konnte. Proust nicht zu vergessen – und Agostinelli. Und viele, viele andere. Als sei die unheilvolle Begegnung, ja, so muß man wohl sagen, die Regel. Sind nicht alle unheilvoll, werden Sie jetzt gleich fragen? Mehr oder weniger schon. Es gibt wirklich Fälle – und das sind die meisten –, wo man den Eindruck gewinnt, das Schicksal habe sich in der Zuordnung geirrt.

F. G. Erstaunlich auch das Ehepaar Zola ...

B.-H. L. Und noch so viele andere!

F. G. Schicksal – das wäre eigentlich eine beruhigende Interpretation. Das Fatum. Eine höhere Macht. Doch man muß leider befürchten, daß das Schicksal dafür nicht verantwortlich gemacht werden kann und daß die, die Sie nannten, es einfach nicht besser »treffen« konnten. In keinem Fall. Daß irgend etwas von innen heraus sie fehlgeleitet hat ... Wenngleich ich das von Joyce und Nora nicht behaupten möchte ...

B.-H. L. Der Fall Joyce ist interessant. Denn Nora Barnacle ist ganz offensichtlich ungebildet. Uninteressiert am Schaffen ihres Mannes, wie an der Literatur überhaupt. Aber sie trägt diesen Namen, der Joyce aufhorchen läßt. Und ist so fügsam, was ihn entzückt. So gutmütig gibt sie sich her für seine absonderlichsten Schrullen. Sie verkörpert diese schwindelerregende Banalität. Diesen faszinierenden Konformismus. Und wird – ohne es zu wissen – zur Inspiration für Molly Bloom ...

F. G. Konformismus? Konformismus ... Haben Sie ihre Briefe

gelesen? Sie war verdammt temperamentvoll, das ist wohl das mindeste, was man sagen kann. Joyce hat ihr alles geraubt, sie mit Haut und Haar aufgefressen ... Aber was ist es, das eine Frau einem schaffenden Künstler »einzugeben« vermag ... Und muß man das als Privileg ansehen, oder als Katastrophe ...? Das könnte man sich doch fragen.

B.-H. L. Privileg oder Katastrophe – für wen?

F. G. Für die Frau natürlich.

B.-H. L. Ach so ... Das kommt darauf an. Im Falle Zelda ist's eine Katastrophe, im Falle Gala ein Privileg ...

F. G. Gala ist ein Fall für sich. Sehr intelligent, sehr herb, sehr bösartig ... Mit Eluard, Max Ernst und vor allem Dali ist es ihr gelungen, ihre Ruhmsucht und gleichzeitig ihre Geldgier zu stillen. Aber kann man die Muse eines Malers und die eines Schriftstellers überhaupt vergleichen? Ganz dasselbe ist es ja nicht ...

B.-H. L. Wieso?

F. G. Die Muse des Malers ist im allgemeinen sein Modell. Je passiver, je fügsamer, je unbeweglicher – desto besser! Die Muse eines Schriftstellers hingegen ... Wer weiß schon, was da mitspielt ... Was sie sagt ... Was sie schreibt, wie Nora Barnacle ...

B.-H. L. Oder vielleicht gerade, was sie nicht sagt ... Was sie nie zu Papier bringen wird ... Die Muse eines Schriftstellers weiß meist selber nicht, warum, wie, auf welch geheimnisvollen Wegen sie seine Einbildungskraft stimuliert ...

F. G. Vermutlich haben Sie recht.

B.-H. L. Ein Schriftsteller belauert sein Modell ... Raubt es aus ... Oft sogar gegen den ausdrücklichen Widerstand besagten Modells ... Was bedeutet, daß dieser Fall sich im Grunde gar nicht so sehr unterscheidet von dem der Muse eines

Malers. Auch sie ist, wenn nicht passiv, so doch zumindest unwissend, sie weiß ja nicht, welche Rolle sie spielt.

F. G. Obwohl die Muse auch gern ihre Rolle ins rechte Licht rückt. Manchmal sogar sehr stolz darauf ist.

B.-H. L. Oder eifersüchtig, schrecklich eifersüchtig, wenn eine andere sie von ihrem Sockel verdrängt. Dieser »Gier«, im Roman vorzukommen! Diese Bitterkeit, wenn Konkurrenz auf den Plan tritt!

F. G. Bis zu dem Tag – dies auch ein nennenswerter Fall! –, wo die Muse sich auflehnt. Sie sprachen von Zelda. War es nicht so bei Zelda?

B.-H. L. Das ist der Fall der Muse, von der keine Inspiration mehr ausgeht und die, um möglichst viel von ihrer erloschenen Macht zu bewahren, den Entschluß faßt, alles zum Teufel zu jagen! das Werk des Autors zu vergiften, wie man einen Brunnen vergiftet! Zelda inspiriert Scott. Dann aber tut sie alles, was in ihrer Macht steht, um ihn am Schreiben zu hindern.

F. G. Zelda ist ein mitleiderregender Fall, weil sie verrückt geworden ist. Aber man muß sich an die Stelle einer Muse versetzen, die nicht weiß, daß Fitzgerald Fitzgerald ist oder Joyce eben Joyce ist ... Für die diese Männer nichts weiter sind als schreibende Maschinen ... Nora war eine brave Haut, und Zelda war ein Satan. Doch für beide Fälle, und obwohl sie völlig gegensätzlich sind, gilt doch wohl eines: Was für ein Leben hat so eine Muse, wenn sie nicht aufrechterhalten wird von dem Gedanken, daß dieser Mann ein Genie ist!

B.-H. L. Da bin ich nicht Ihrer Meinung. Zelda weiß sehr wohl, daß Fitzgerald Fitzgerald ist. Nur: eines schönen Tages hat sie die Nase voll – und beschließt, ihre eigene Karte auszuspielen. Sie sagt sich: »Er hat mich ausgeplündert; ausgesaugt wie ein Vampir; aus meinem Fleisch und Blut hat er Literatur gemacht; warum sollte ich's nicht auch mal versuchen? warum sollte ich mir nicht zurückholen, was mir gehört, und daraus ebenfalls Bücher machen?«

F. G. Ihre Reaktion ist verständlich, meinen Sie nicht?

B.-H. L. Sie wühlt in Scotts Aufzeichnungen. Entwendet den Entwurf eines zukünftigen Romans, in dem sie sich deutlicher denn je wiedererkennt. Sie sagt: »Nein! Kommt nicht in Frage! dieser Roman gehört mir! Diesmal werde ich ihn schreiben.« Und sie schreibt ihn. Es ist *Darf ich um den Walzer bitten?* Verächtlich fällt die Kritik darüber her: »Bah! So ein Abklatsch eines Fitzgerald!« Und da wird sie verrückt.

F. G. War ja auch Grund genug.

B.-H. L. Interessant am Falle Zelda ist dies: Sie bricht den Pakt.

F. G. Welchen Pakt?

B.-H. L. Den Unsterblichkeitspakt. Der einer Frau sagt: »Du verzichtest auf dein eigenes Werk, du gibst auf, was immer du auch begehren magst – im Austausch dafür mache ich aus dir die Hauptfigur eines großen Romans; mehr noch: die zentrale Figur dieses gelebten Romans: meines Lebens; so übergebe ich dir in jedem Fall deinen Paß für die Nachwelt, ein Visum für die Ewigkeit.« Gala, ob bösartig oder nicht, geht darauf ein. Zelda lehnt sich auf. Und zwischen beiden läge der Fall Elsa Triolet, die auf beiden Registern spielt: Muse eines großen Schriftstellers, Aragon, unsterblich gemacht in seinen Gedichten – die aber gleichzeitig (denn man weiß ja nie!) fortfährt, ihr eigenes kleines Werk zu gestalten.

F. G. Ein interessanter Fall ist der von Alma Mahler. Sie hat

nicht eine Sekunde lang an das Genie ihres Gatten geglaubt. Sie liebte nur Wagner und verabscheute Mahlers
Musik. In solch einem Fall wird das Zusammenleben mit
einer kreativen Persönlichkeit zur Hölle.

B.-H. L. Da kenne ich mich allerdings nicht sonderlich gut
aus ...

F. G. Eine exemplarische Geschichte. Sie hatte intensiv Kom-
position studiert, und ihr Talent war unbestreitbar. Doch
als sie sich verlobten, sagte Mahler zu ihr: Der Kompo-
nist bin ich. Deine einzige Berufung von nun an ist: mich
glücklich zu machen. Das hat er ihr in einem berühmten
Brief geschrieben, der auf der anderen Seite ein Flehen
um Liebe war, in dem er sie aber beschwor, auf ihre
eigene Arbeit zu verzichten ... Sie akzeptierte, was Sie den
»Pakt« nennen. Es war Selbstverstümmelung. Sie machte
sich zu der Frau, die die Partituren ihres Gatten ins reine
schrieb. Doch niemals, nie hat sie an das Genie ihres Gatten geglaubt. Daher begann sie auch, ihn zu betrügen, und
dadurch hätte *er* beinahe den Verstand verloren. Selbst
wenn er, und das ist offensichtlich, diesen Schmerz in Musik verwandelt hat, in großartige Musik ...

B.-H. L. Ist das nicht der Brief, der ungefähr so beginnt: Darüber,
meine Alma, muß von nun an Klarheit zwischen uns
herrschen? In dem er von einer »Rivalität« spricht, die
mit der Zeit »lächerlich« und »entwürdigend« wirken
würde?

F. G. Ja. Später dann wird Alma die Geliebte des Malers
Kokoschka, dem sie zwar auch übel zugesetzt hat, der
ihr aber auch großartige Inspirationen verdankte und
den sie für immer geprägt hat. Doch mit dem Kompo-
nieren hat sie nie mehr begonnen. Mahler hatte sie fürs
ganze Leben gebrandmarkt.

B.-H. L. Schon recht. Das alles ist ungeheuerlich, erschütternd, was immer Sie wollen ... Aber warum akzeptiert Alma? Was bringt es ihr?

F. G. Alma ist noch sehr jung, als sie die Forderung Mahlers akzeptiert; er ist schließlich der hochberühmte Dirigent, der einen gewaltigen Eindruck auf sie macht. Vermutlich denkt sie, ihn doch eines Tages umstimmen zu können, oder was weiß ich ...

B.-H. L. Eine andere Frage: ihr Talent. Woher wollen Sie so genau wissen, daß sie wirklich Talent besaß?

F. G. Dafür gibt es konkrete Beweise, erstklassige Lieder. Das war kein kleines Mädchen, das ein bißchen klimperte, sondern eine große Musikerin ... Mahler hat es übrigens später selbst zugegeben.

B.-H. L. Weil wir was Ähnliches ja wohl bei Camille Claudel haben, nicht wahr? Auch wenn man uns die Tragödie Camille Claudel noch so herzerschütternd darstellt, ein Rodin war sie nicht – da stimmen Sie doch wohl zu?

F. G. Das mußte ja kommen, aus Ihrem Mund! Aber darum geht's nicht. Es war Platz für beide unter der Sonne, für den einen wie für den anderen.

B.-H. L. Das ist keine Frage von »Platz unter der Sonne«.

F. G. Was berechtigt denn zu der Anmaßung, einen Künstler zugunsten eines anderen zu ersticken? ihn zur Verzweiflung zu treiben? in den Wahnsinn? Und das geschieht immer auf Kosten der Frauen, als wäre das Zufall. Meines Wissens hat es keine jungen Männer gegeben, die Rodin oder Mahler erdrückt oder wahnsinnig gemacht hätte, selbst wenn das, was sie zustande brachten, nur von minderem Interesse war ...

B.-H. L. Nehmen wir die Männer um George Sand. Oder um Germaine de Staël. Das dürfte auch kein Zuckerlecken gewesen sein, junger Schriftsteller und verliebt in George Sand oder Madame de Staël.

F. G. Tatsache ist, daß sie sie verschlungen haben. Aber diese beiden hatten doch eher einen unbändigen Appetit auf Männer und hielten sich nicht männliche Musen, die ihnen die Inspiration lieferten und die sie dann an die Wand drückten.

B.-H. L. Aber Françoise, das alles ist doch ein alter Hut und hat nichts zu tun mit dem Verhältnis von Mann und Frau. Das wäre zu einfach ... Zu simpel ... Die Literaturgeschichte ist voll von Künstlern – beiderlei Geschlechts –, die von ihrer Epoche erdrückt wurden ... Nehmen wir nur Baudelaire. Ich habe einen Roman über Baudelaire geschrieben, er ist der Prototyp des geschmähten, mit Füßen getretenen, von seiner Epoche zur Strecke gebrachten Dichters, allen voran von Victor Hugo. Das ist – leider – eine Binsenweisheit. Auch bei diesem Völkchen gilt: Der Mensch ist des Menschen Wolf ...

F. G. Und von allen Wölfen sind die Künstler vielleicht die grausamsten, weil ein Rivale ihnen schier unerträglich ist, weil jeder sich für den Größten, den Einzigartigen, den Unvergleichlichen hält.

B.-H. L. Eines ist im Falle Alma nicht so ganz klar: als junges Mädchen schon träumte sie von Gärten und Ateliers, wo sie »die bedeutendsten Menschen« zusammenführen wollte. Also Mahler. Kokoschka. Aber auch Klimt, Werfel und andere, die mir jetzt nicht einfallen. Folglich stellt sich doch die Frage: Kann man bei einem solch hochgesteckten Ziel noch von Opfer sprechen? von Verstümmelung? Ist da nicht etwas mit im Spiel, das eher einem Wunsch ähnelt? einer Bestimmung? einem Schicksal? Mit anderen Worten: bekräftigt der Fall Alma nicht noch die Hypothese vom Unsterblichkeitspakt und dem Gewinn, den eine Frau daraus ziehen kann?

F. G. Ich verstehe nicht so recht, was sich mit dem Unsterblichkeitspakt gewinnen läßt. Ich kann mir zwar vorstellen, daß man ihn eingeht, aus Liebe, aus Überzeugung, daß der, der einem da gegenübersteht, in welchem Bereich auch immer, ein Genie ist – Jenny Marx gegenüber Karl, beispielsweise – und daß dieses Genie einem überlegen ist ... Aber das Leben dieser Frauen ist zumeist schrecklich ... Zwar nicht immer ..., wenn die Idee eines zu vollendenden Werkes sie stützt, dann nicht. Doch wenn sie an dessen Bedeutung zweifeln ... Und das ist der Punkt, wo Alma unser Mitgefühl verdient.

B.-H. L. Zweifellos.

F. G. Keines dieser mehr oder weniger berühmten Paare, von denen wir gesprochen haben, scheint mir beneidenswert, zumindest nicht, was die Frau betrifft, die, selbst wenn sie sich freiwillig dazu hergibt, auf dem Altar der Kunst geopfert wird. Das entspricht nicht meiner Vorstellung von einem gelungenen Paar.

B.-H. L. Oh: Ein gelungenes Paar ...!

F. G. Das war doch unser Thema: die gelungenen Paare ...

B.-H. L. Das stimmt. Aber mir gefällt dieser Ausdruck nicht.

F. G. Dann nennen wir's doch anders. Beobachten Sie nur einmal, welch herrliches Gefühl von Harmonie durch Ergänzung sich überträgt, wenn man – was ab und zu vorkommt – einem Mann und einer Frau begegnet, die wirklich glücklich sind, die ihr Glück lieben und die wiederversöhnte Verbindung von Männlich und Weiblich zu verkörpern scheinen.

B.-H. L. Wiederversöhnte ... Verbindung ... Damit wollen wir doch wohl nicht wieder von vorne beginnen!

F. G. Manchmal sind es berühmte Paare. Künstler, zum Beispiel. Bogart und Bacall, um es mal deutlich zu machen. Oder Cassavetes und Gena Rowlands. Andere sind der Öffentlichkeit nicht unbedingt bekannt. Sind auch nicht unbedingt jung. Doch für ihre Umgebung sind sie unübersehbar präsent. Ihr Leben bildet eine Einheit, wie aus einem Guß. Kraft geht von ihnen aus. Etwas Strahlendes, Souveränes.

B.-H. L. Einverstanden: souverän. Das gefällt mir schon besser.

F. G. Das hält vielleicht nicht dreißig Jahre lang an, aber immerhin … Man freut sich, beisammen zu sein, achtet sich gegenseitig, hat gemeinsame Interessen, widersteht der Korrosion durch die Realität, selbst wenn niemand sie wirklich aufzuhalten vermag … Ich gebe zu, solche Fälle sind selten, aber es gibt sie …

B.-H. L. Ihre »gelungenen Paare« haben für mich einen unangenehmen »Beigeschmack«; das riecht nach »Wir haben so viele Stürme überstanden … so viele Krisen überwunden … dennoch, schauen Sie uns an … bewundern Sie uns für unseren Widerstand … für unsere Standfestigkeit …!« Ein altgedientes Paar, erschöpft vor lauter Lügen, zusammengehalten von einem Gewirr aus Halbwahrheiten und Geheimniskrämerei … Das sieht dann schon nicht mehr so glamourös aus.

F. G. Hier wird die lange Dauer als Verdienst reklamiert. Das sind die Paare, die Untreue, Verrat, Eskapaden verdrängt haben und sie wie Kriegsverletzungen mit sich tragen. »Schaut nur, wie wir immer wieder zurückgesteckt haben.« Das ist trostlos! Und trotz alledem: ein gelungenes Paar ist etwas Schönes. Das wissen auch Sie ganz genau!

B.-H. L. Nehmen wir an, daß es manchen Menschen gelingt, das Unvereinbare zu vereinen.

F. G. Einverstanden.

B.-H. L. Ich meine nicht, »das« Weibliche und »das« Männliche – daran glaube ich bei Gott nicht. Aber – wie soll ich es ausdrücken? – die Anforderungen, die Eingriffe, die harten Bedingungen der Realität mit dem Prinzip der Lust ...

F. G. Solange man den anderen begehrt, wirklich begehrt, besitzt man Kraft genug, die Bedingungen der Realität auf Distanz zu halten, oder, besser gesagt, sich nicht beirren zu lassen.

B.-H. L. Gestern sagte ich schon, es sei eine Unterscheidung möglich zwischen Liebe, Verführung und Erotik. Dann wollen wir einmal annehmen, ein souveränes Paar verkörpere die Überwindung dieser Trennung, den Sieg über diese Fatalität – sagen wir, bei diesen zweien wurde in der Liebe weder die Erotik (was ja ins Auge springt) noch die Verführung (mit all ihren Erfordernissen) ausgeklammert.

F. G. Ich verstehe nicht, was Sie mit Erfordernissen der Verführung meinen.

B.-H. L. In jeder Liebesgeschichte gibt es den Moment der Verführung. Und das ist, ob man will oder nicht, der Moment, wo man spielt, posiert, trickst oder blendet. Dieser Moment ist im allgemeinen von hoher Intensität, da entfaltet man geradezu übermenschliche Kräfte, um anders zu erscheinen, als man ist. Das scheint Sie zu verblüffen?

F. G. O nein, ich höre nur gespannt zu.

B.-H. L. Das ist seit der biblischen Schlange die unveränderte Bedeutung von »Verführung«. Der Verführer hat nur einen Gedanken, verfolgt nur einen Plan: ein Lockmittel finden, es als Blendwerk nutzen, dann vorpirschen hinter dieser Maske, sie lüften, sich wieder dahinter verstecken – kurz gesagt: blenden, um nicht erkannt zu werden ...

F. G. Das Wort »Plan« ist vielleicht etwas zu stark. Aber nehmen wir einmal an: man zeigt sich von seiner besten Seite.

B.-H. L. Das meine ich. Dann aber kommt immer – ich sage nicht: der Augenblick der Wahrheit –, aber der Moment, wo selbst die grellsten Lockvögel verblassen. Jetzt tritt das Leben auf den Plan. Mit seinen Augenblicken von Trivialität. An dem Tag, zum Beispiel, wo die Liebenden entdecken, daß sie müde sind. Oder Kopfschmerzen haben. Oder auch nur der Teint fahl ist nach einer etwas zu turbulenten Liebesnacht.

F. G. Schlaf ist doch nichts Triviales! Der Schlaf ist der Zwillingsbruder der Liebe.

B.-H. L. Wirklich? Ach, ja … Aber ich mag den Schlaf nicht … Mag andere nicht schafen sehen …

F. G. Weil der andere Ihnen entgleitet?

B.-H. L. Ich weiß nicht … Dieses Sich-Preisgeben im Schlaf mag ich nicht …

F. G. Gut. Diese »Augenblicke von Trivialität«, sagten Sie …

B.-H. L. Ja, der Moment, wo die Liebenden feststellen, daß sie einen Körper haben, der nicht nur für die Kapriolen und den Taumel der Liebe geschaffen worden ist. Von diesem Moment an eröffnen sich zwei Möglichkeiten: Da sind die einen – die meisten –, die die Karten offen auf den Tisch legen: »Okay; das war alles fauler Zauber; Wir armen Irren! Was für ein lächerliches Theater! Dabei wird man uns nicht mehr ertappen! Jetzt heißt's: Wahrheit gegen Wahrheit!« Dann gibt es aber die anderen, die umgekehrt verfahren, die weitermachen, den schönen Schein wahren wollen – das sind die, die, koste es, was es wolle, versuchen werden, einen Zipfel Illusion hochzuhalten: der Spuk löst sich auf, das ist schon richtig, aber langsam, ganz langsam; Retourkutschen, Raffinessen, Komödien, Kokettieren mit »Ich weiß, daß du weißt; du weißt, daß ich weiß; aber beide werden wir so tun, als wüßten wir nichts.« Das meine ich mit Aufrechterhaltung der »Erfordernisse der Verführung«. Das ist in meinen Augen die Definition Ihres »gelungenen Paars«.

F. G. Die Definition … Das scheint mir ein wenig zu eng … Aber in der Tat, man muß es schon verstehen, die Erfordernisse der Verführung aufrechtzuerhalten. Ich würde sagen: ein gelungenes Paar, das ist der gemeinsame Wille, wirklich ein Paar zu bilden. Das Produkt größter Sorgfalt. Ein Werk, an dem jeden Tag gearbeitet werden muß. Fertig ist es nie, geschenkt wird einem nichts. Es ist sehr mühsam. Und allein kann man es nicht bewerkstelligen.

B.-H. L. Sobald Verführung mit im Spiel ist, kann man es nie allein »bewerkstelligen«. Aber es deswegen »mühsam« nennen … Nein. Das finde ich nun zu eng. Ich würde es nicht als mühsam bezeichnen.

F. G. Ist Ihnen »bis zur Erschöpfung« lieber?

B.-H. L. Nicht »mühsam« und nicht »Erschöpfung«. Mir scheint, ein solches Szenario läuft doch nie ab ohne ein Minimum an Grazie …

F. G. Vermutlich. Das Bemühen darf man zumindest nicht spüren. Und dennoch setzt es Spannung, Wachsamkeit voraus. Und dieser Anstrengung bedarf es, will man ein »gelungenes Paar« darstellen …

B.-H. L. »Anstrengung« ist wieder nicht das richtige Wort … Nein, nicht Anstrengung …

F. G. Es stimmt schon, die Regel ist es nicht. Wir kennen beide viel mehr Paare, die eher »mißraten« sind oder wo zumindest »etwas nicht stimmt«, wo es »hapert«, aber der Neid, den »gelungene Paare« im allgemeinen einflößen, zeigt doch sehr deutlich, daß irgend etwas in jedem Mann und jeder Frau nach diesem Erfolg strebt …

B.-H. L. In der Tat: meistens »hapert's« irgendwo. Ein Paar, das bedeutet auch Fatalität. Oder Drama. Oder Verkettung zweier Seelen mit all ihrer Misere, ihrer Leere. Manchmal glückt es besser. Gelingt sogar fast. Das ist dann wie eine Gnade … Ein Wunder … Eine Verirrung des Körperlichen … Ein Wunder … Das ist alles, was man sagen kann …

F. G. Ein Modell gibt es vermutlich nicht … Keine Zauberformel …

B.-H. L. Liebende sind immer allein. Das darf man nicht aus dem Blick verlieren: sie sind allein. Selbst wenn es Einzelgänger sind, die die merkwürdige Gewohnheit haben, nicht ohne den anderen sein zu können.

F. G. Zusammengefaßt wäre die Liebe also nur ein Trostpflaster, und das Paar ein Modus, zu zweit alleine zu sein – mit, aber auch das nur ab und zu und ganz kurz, Momenten der Gnade …

Das ist aber ein recht düsterer Ausklang. Zum Glück wird er niemanden vom »ewigen Schwarm des Verlangens« abschrecken.

Epilog

Der Augenblick der Trennung ist gekommen. Noch endlos könnte man herumstreifen in diesen Gefilden, in die wir uns vorgewagt haben wie so viele andere vor uns und wie so viele andere nach uns, die es uns gleichtun und ebenfalls über das immer wieder neue Rätsel stolpern werden: Ein Mann? Eine Frau? Was bedeutet das? Und Liebe? Erkaltete Liebe? Was heißt das? Wenn wir auch nur ein wenig dazu beigetragen haben, dieses Geheimnis einzukreisen, indem wir versucht haben, der Wahrheit auf den Grund zu gehen, dann werden diese Seiten einen Sinn haben. Jedenfalls danke ich Ihnen, Bernard, für diese Stunden. Ich werde sie in höchst angenehmer Erinnerung behalten. Haben wir uns nicht tapfer geschlagen?
F. G.

Auch für mich wird dieser Sommer eine reizvolle Erinnerung bleiben, wenn ich mir auch nicht sicher bin, daß unsere Gespräche für andere erhellend oder gar hilfreich sein können, etwas »einzukreisen«, was ein Geheimnis ist. Das Leben ist doch ein Noviziat, nicht wahr? Ein ewiges Noviziat ... Und wir haben es ja wohl beide oft genug betont, daß sich in diesem Fach keine »Lektionen« erteilen oder empfangen lassen. Aber daß wir so getan haben, als wäre dies möglich, das hat mir Spaß gemacht. Und letzten Endes ist mir dieses kuriose Buch sogar ans Herz gewachsen. Liebe? Erkaltete Liebe? Über all die damit zusammenhängenden Fragen hätte ich ohne Sie nie so offen zu sprechen gewagt. Merci.

B.-H. L.

Inhalt

Françoise Giroud
Lehrreiche Lektionen
Aus dem Französischen von Annette Lallemand
Band 13193

Françoise Giroud beschreibt ihr Elternhaus, ihre Beziehung zum Vater, der ihr die erste prägende Lektion erteilt: Der Vater, der sich so sehr einen Sohn wünschte, ruft in der zweiten Tochter mit seiner Ablehnung das Gefühl, als Frau ungenügend zu sein, hervor. Ein Empfinden, das Françoise Giroud nicht mehr verlieren wird. Der brennende Wunsch, sich in den Augen des Vaters zu bewähren, so gut zu sein wie ein Junge, treibt sie voran. Von der Mutter lernt sie, hart gegen sich selbst zu sein. Mit diesen beiden Lektionen ausgerüstet, tritt sie ihre Laufbahn an: als 13jähriges Scriptgirl, Dialogschreiberin bei Jean Renoir, Regieassistentin (als erste Frau!) und schließlich in dem Beruf, den sie schnell als ihre eigentliche Berufung erkennt, in dem der Journalistin. Die Begegnung mit Jean-Jacques Servan-Schreiber, mit dem sie im Mai 1953 die erste Nummer des Magazins *L'Express* herausgibt. Wieder ist sie die erste Frau, die als Herausgeberin eines ernstzunehmenden Nachrichtenblattes fungiert. Schließlich beschreibt sie auch ihre Zeit als Kabinettsmitglied der Regierung Valérie Giscard d'Estaings und die Rückkehr zum Journalismus, dem sie bis zum heutigen Tag treu geblieben ist.

Fischer Taschenbuch Verlag

fi 1731 / 3

Helga Häsing und Ingeborg Mues (Hg.)
Und wenn ich dich liebe, was geht's dich an?
Gedichte und Geschichten
Band 11612

Diese Anthologie versammelt Gedichte und Geschichten von
Frauen über die Liebe, Texte sehr unterschiedlicher Art, die in
jüngerer Zeit entstanden sind. Es sind Liebesgedichte und Lie-
besgeschichten im »eigentlichen Sinne«, die von der Sehnsucht,
von Träumen und Illusionen, vom Begehren oder Begehrtwer-
den, vom Glücklich- oder Traurigsein erzählen und das uralte
und immer wieder neue Thema mit vielerlei Variationen durch-
spielen. Doch daneben stehen Texte, in denen die Liebe, »die
Himmelsmacht«, mit ironischer Distanz und Skepsis behandelt
wird. Texte, geschrieben in einer Zeit, in der Beziehungen immer brüchiger zu werden scheinen, in der Frauen aber auch
ein neues Selbstbewußtsein, eine neue Unabhängigkeit entwik-
kelt haben. »Und wenn ich dich liebe, was geht's dich an?«:
Das Spektrum der Empfindungen, die dieser Satz ausdrückt,
spiegeln die Gedichte und Geschichten wider.

Fischer Taschenbuch Verlag

fi 709 / 4